# 超攻撃的「ディフェンシブ投資」

## 魔法のお金キーワード10選

ぱる出版

まえがき

# お金を増やさねば…

収入は増えず、年金は減り、税金・社会保険料はアップしていくこのご時世、誰もが、お金を増やさねばと、**投資について考えざるを得ない**時代となっています。

しかし、そんな義務感が先行しての投資など続きませんし、面白くもありません。また、そんなツマラナイ状況で、「お金が増えました」という人など、あまり聞いたこともありません。

私の周りで「お金をしっかり増やしている人」の多くは、**お金（を増やすこと）を楽しんでいます。**

なぜ、楽しんでいるのか、楽しめているのか、、、それは、義務感ではなく、**面白そうだから（興味を持ったから）**、を基準に考えているからです。

つまり、彼らは、**お金（を増やすこと）に対して好奇心旺盛**なのです。**好奇心こそ、お金について知識・経験を積み、そしてお金を増やす源泉**と言えるでしょう。

そして、本書を手に取ったあなたも、お金（を増やすこと）に対して興味があるわけですよね。であれば、それだけで、**お金を増やす素質は十分にある**のです。

では、お金を増やすために何からすればいいのか…

それは、まずは難しく考えずに、**ワクワクするもの**を探してください。

ただ、面白そう…その直感で十分です。

ワクワクするキーワードに出会えば、自ずと、それについて調べるでしょうし、そして、すぐに行動にも移せるはずです。

それが直接、お金を増やすことにつながるわけです。

本書では、「お金が増える」をテーマに、**ワクワクするようなキーワードを10個厳選**しました。

そのいずれも、今、テレビや雑誌等でよく耳にする言葉で、知っていれば、**手堅く、そして大きくお金を増やせる可能性を秘めた商品や制度**です。

そんな話題のキーワードについて、私自身の経験を交えながら、面白分かりやすく解説しております。

せっかくの興味・好奇心も、何も行動せずに、そのまま萎ませるのか。

それとも、積極的にいろいろ調べて大きく膨らますのか、、、それによって、将来、お金に大きな差がつくことは言うまでもありませんよね。

お金（を増やすこと）に少しでも興味・好奇心を持っている人は、ぜひ、**本書をきっかけに、その興味・好奇心を大きく膨らませてください。**

CONTENTS

# 『超攻撃的［ディフェンシブ投資］魔法のお金キーワード10選』 目次

まえがき お金を増やさねば… 2

## お金が増えるキーワード #1 IPO 新規公開株

IPOとは、知識ゼロでも儲けることができる、「無料の宝くじ」って聞いたんですけど… 14
抽選に当たる確率って、ズバリ、どれくらいですか？ 18
何とかしてIPOを入手したいのですが、、、何か、秘策はありますか？ 20
当選すれば（公募価格で購入できれば）、9割は儲かるって言ってましたが、、、残り1割はどうなるんですか？ 25

絶対に初値で売らないと、ダメなのですか？　30

## お金が増えるキーワード #2
# 株主優待

自社商品詰合せや優待券、カタログギフトなどがもらえる株主優待って、スゴクお得みたいですね。
しかも、10％ものリターンが見込める銘柄もあるって本当ですか？　38
おススメの優待銘柄は、何ですか？　40
株主優待って、いつ贈ってくるの？　44
株主優待もいいけれど、やっぱりお金の方がいいのですが…　48

## お金が増えるキーワード #3
# J-REIT

J-REITに投資すれば、数万円から不動産オーナーになれて、安定して3%~5%の利回りが得られるらしいのですが。 54

おススメのJ-REITは、どれですか? 58

う~ん、でも、どれも魅力的で、選びきれない…というか、すべて欲しいです! 63

J-REITで、損することもありますか? 66

## お金が増えるキーワード #4
# 個人向け国債

個人向け国債って、すごく手堅くて、便利で、お手軽だと勧められたのですが。。。 72

なるほど、手堅くて、便利で、お手軽ではありますが、、儲かるのですか？ 77
たしかに、銀行や証券会社などで、キャンペーンはよく見かけますね。 81

## お金が増えるキーワード #5
# iDeCo 個人型確定拠出年金

節税によって、確実に15％の利回りが見込める運用方法があるらしいですね。 86
でも、運用で失敗して損失を被ってしまうと意味ないのでは…？ 89
となると、安全商品に年間１００万円掛けたなら、確実に15万円儲かるわけですね!? 90
それなら、ぜひともやってみたいのですが、、どうすればいいのですか？ 94
では、運用商品は、どれを選んだらいいのですか…？ 99
ところで、iDeCoでは、60歳まで引き出せないと聞いたのですが、、 101

iDeCoにしたいのですが、勤務先から、iDeCoには加入できないと言われました… 103

## お金が増えるキーワード #6 ソーシャルレンディング

ネットを利用して、誰でも1万円程度から、気軽に「金貸し」ができるらしいですね。しかも、5%〜10%もの利息が見込めるとか…。 108
この超低金利の時代に、なぜ、そんな高いリターンが見込めるの(ちょっと、おかしくないかい)? 110
ソーシャルレンディング業者って、ナニモノ? あまり、というか、ほとんど聞いたことないんだけど…。 112
なるほど、面白そうだし、ちょっとやってみようかな? 何か一言、アドバイスいただけますか? 122
ところで、巷で話題の「クラウドファンディング」とはどう違うの? 124

お金が増えるキーワード ＃7
友の会積立
百貨店には、確実に8％超の利回りが確保できる商品があるとか…？ 130
それはスゴイです、ぜひともやってみたいのですが、、、どうすればいいのですか？ 132
聞けば聞くほど、友の会積立は魅力的過ぎて、話がウマ過ぎて、、、なにか落とし穴があるのでは？ 136
お金が増えるキーワード ＃8
FX 外国為替証拠金取引
3万円投資すれば、毎日100円～150円受け取れる、最強の外貨商品があるそうですが、、、 140

まさにそうなんです、「あやしい（避けたい）」と「儲かりそう（やってみたい）」が混在しています。実際のところ、どうなんですか？ 141

FXの為替リスクって、どういうことですか？ 145

なるほど、資金効率の良さは魅力ですが、ちょっと躊躇してしまいますね。。。 149

それならぜひ、FXをやってみたいです！でも、どうしたらいいのですか？ 151

金利狙いの長期保有スタンスの方が、手間いらずで、精神的にも楽そうですね。 155

## お金が増えるキーワード #9

## NISA 少額投資非課税制度

NISA口座では、どれだけ儲かっても税金ゼロって、本当ですか？ 162

ということは、投資をするなら、NISA口座でやった方が、絶対にお得ですね！ 164

…じゃあ、結局、NISA口座では、どちらの運用法がいいの？ 167

ところで、最近できた「つみたてNISA」って、普通のNISA（一般NISAと言う）とどう違うの？ 170

NISAは、ずっと続くのですか？ 175


## お金が増えるキーワード #10

# 財形貯蓄制度

財形貯蓄制度を使えば、知らないうちに、勝手にお金が貯まっていくみたいですね！ 180

でも、この制度は「貯蓄」なので、今の時代だと、超低金利なのではないですか？ 183

なるほど、、、でも、天引きの積立てであれば、なにも、財形貯蓄でなくてもよいのでは？ 186

お金が増えるキーワード #1

# IPO
## 新規公開株

## IPOとは、知識ゼロでも儲けることができる、「無料の宝くじ」って聞いたんですけど…

**抽選参加はタダで、当たれば儲かる。しかも、特別な知識やテクニックは必要ない。**

たしかに、そういった特徴を見れば、IPOとは「**無料の宝くじ**」と言っても、言い過ぎではないかもしれません。

そんな宝くじ（IPO）は、ここ最近は、年間90回程度行われています。

もちろん、私はそのすべてに参加しており、そして、ごくたま〜にですが、当たります（当選確率については後述）。

これまでの**一番の大当たりは、なんと約130万円。**

他にも、20〜30万円程度の当たりもちょくちょくと、数万円程度の当たりはそこそこと、、、IPOでは、これまで**累計で500万円程度**儲かっております。

さて、そんなIPOとは、新規公開株のことを言います。

## IPO（新規公開株）

新規公開株とは、これまで上場していなかった株式が、新たに上場することを言います。そんな**IPOを上場前に入手して、上場して即、売る**ことで、大きな儲けを得ることができるのです。

ただ、当たり前ですが、**IPOを上場前に入手することは至難の業**で、基本、高倍率での抽選となります。

上場すれば、誰でも自由に株式を売買できるので「株価」が付くのですが、まだ上場していない段階では「株価」は付いていません。なので、IPOを入手する場合には、証券会社等が決めた「公募価格」で（抽選に当選して）上場前にIPOを入手することになります。そして、公募価格で入手してから数日後に上場したときに、市場で売買されて、初めて付く株価を「初値価格」と言います。公募価格は低めに設定されることが多く、また、IPOは勢いのある会社が多く人気があることから、ほとんどの場合、「初値価格＞公募価格」となるのです。

つまり、**「抽選に申し込んで、当選すれば、公募価格で買って、即、初値価格で売る」**ことを機械的に行うことで、儲かる可能性は高いのです。

そこには、知識もテクニックも必要ありません。

必要なのは、(この後、たっぷり書きますが)ひたすら抽選に申し込み続ける忍耐力のみ。

ちなみに、初値価格が公募価格を上回る確率は、ここ数年だと、実に9割近く。

しかも、**初値価格が公募価格の2倍、3倍**となることも珍しくありません(初値騰落率は平均2倍程度)。公募価格は10万円~20万円が多いので、10万円以上儲かることも珍しくありません。つまり、当選さえすれば、かなりの確率で、大きな儲けを手にすることができるのです。

私自身のIPO初利益は、2003年のファイナンシャルオールという銘柄。

ITバブルの頂点(2000年頃)で株式投資を始めた私は、買った株式のどれもが値下がり、ズタボロの成績。これには、私は株式投資には向いていないな、、と凹んでいる中、何となく知ったIPOで、いきなりの16万円の儲け。これには、私はIPOの才能があるのでは(IPOに才能は不要なのですが)、、と、IPOにハマります。

当時、IPO投資の認知度は高くなく、まだ、「知る人ぞ知る」投資だったので、そこそこ当選しました。

翌年2004年には、IDUで40万円、ネクサスで24万円、新生銀行で33万円、イー・トレード証券で18万円と、今思えば、信じられないくらいの当選確率です。当選さえすれば（公募価格で購入すれば）、あとはただただ、**初値で売るのみ。**そこには、何の知識もテクニックもいりません、ただただ、淡々と作業としてこなすのみ。当時、そんなチャンスが年間100回〜150回もあったのです。

その後、2008年リーマンショックでIPO件数は激減するも、2012年アベノミクスあたりから、徐々に回復。

現在、IPO件数は、年間90回程度で推移しております。そして忘れもしない、2013年にはリプロセルで130万円の利益を得ることができました(冒頭での「一番の大当たり」)。

他にも、最近の有名どころであれば、2015年の**ゆうちょ銀行・かんぽ生命・日**

**本郵政**で40万円程度。２０１６年の**ＪＲ九州**で5万円、２０１８年の**メルカリ**で20万円といったところです。ＩＰＯには話題の企業（テーマ）も多く、そんな旬のネタに絡むことができる優越感も魅力だと思っています。

## 抽選に当たる確率って、ズバリ、どれくらいですか？

現在の当選確率は、銘柄によって差はありますが、私の実感だと１％あるかないか、くらいです。

実際、１００回チャレンジして1回当たるかどうか…でも、本物の宝くじの当選確率（10万円～１００万円程度の当選の場合）に比べれば、これは間違いなく、高い水準と言えますね。そして、なんといっても、**無料（抽選参加はタダ）**なのは大きな魅力です。

しかし、大いなる希望を持ってIPOを始めたものの、多くの人は、IPOから去っていきます。

なぜなら、やはり**なかなか当たらないから。**そして、IPO抽選申込には、(知識やテクニックは必要ないですが)若干の手間暇がかかるから(↑それが意外と面倒くさい)。

IPO申込の手順としては、まず、IPO案件を探します(「東京IPO」サイトなどおススメ)。

IPO案件は、上場予定の1~2カ月前くらいに公表されるのですが、ほとんど案件が出てこない時期もあれば、ドカッと多くの案件が集中する時期もあったりで、不定期極まりありません。ただ、その申込期間は1週間程度と短いので、普段からこまめにチェックしておく必要があるのです。

そして、申込窓口となる証券会社(案件ごとに、取扱い証券会社は異なる)と申込日程を確認し、証券会社毎に定められた手順に沿って申込をすることになります。証券会社によっては、ネット上で、イチイチ目論見書などのPDFファイルを開けてチェックをしないと次の画面に進めない場合もあって、なかなかイライラさせられます。

そんな作業を黙々とこなすも、滅多に当たらなければ、嫌気がさす人がほとんどでしょう。

でも個人的には、そうやってフェイドアウトしていただいたければ、競争率が下がって、実は嬉しかったりもするわけです（と言いながら、本書でＩＰＯの魅力をアピールしているので、それで皆が興味を持って、ＩＰＯに参加してしまうと競争率が上がってしまうという矛盾）。

## 何とかしてＩＰＯを入手したいのですが、、、何か、秘策はありますか？

ＩＰＯ入手の秘策は、証券会社の**「上顧客」**となることです。

実は、証券会社によっては、ＩＰＯは「抽選枠」以外に、証券会社（の営業マン）が優先的に担当顧客に割り当てられる**「裁量枠」**があるのです。もっとも、ＩＰＯを優先的に割り当てられるような顧客とは、「普段お世話になっている顧客」「これから取引深耕を見込みたい顧客」であろうことは、想像に難くないですよね。

もし、あなたが、そんな上顧客であるとの自覚と自信があれば、ぜひ、証券会社に連絡を取ってみてください、そして、**IPOが欲しいとアピール**してみてください（残念ながら、ムリだと思いますが）。そもそも、そんな上顧客であれば、すでに証券会社から連絡があって、ＩＰＯの話はきているはずかと。

中には、ブランド品を身に着け、高級外車で乗り付け、富裕層っぽい雰囲気を醸し出し、「将来、手数料をガッポリ支払う上顧客になるかもよ（なので、ＩＰＯちょうだい）」とのオーラを漂わせて、証券会社と接する強者もいるようですが、私はそこまでの行動力はありません。

というか、そもそも、私はネット証券ｏｒネット取引コースなので、営業マンと接することはありません。

さらに言えば、そもそも、ネット証券には「裁量枠」はなく、基本、すべてが「抽選枠」となっています。そしておそらく、読者の方の多くは、私と同じく、ネット証券ｏｒネット取引コースでしょう。

なので、期待させておいて申し訳ないですが、この秘策（裁量枠）はあくまでも参考で、我々一般人は「抽選枠」で、なんとか入手しなければいけません。

そして残念ながら、**ＩＰＯ抽選については、秘策はありません。**

もし秘策があるとすれば（強いて言うのなら）、それは、**「抽選に申込み続けること」**です。

ハズレて、ハズレて、ハズレ続けても、諦めずに、何度も何度でも、申込み続けることです。１００回連続でハズレることも当たり前、心折れずに、申込み続けること。

抽選申込は無料ですから、これはもう、気持ちの問題ですよね。

私自身、**「ハズレて当たり前、当選すれば超ラッキー」**と思って、そう、まさに宝くじと思って、申込み続けています。そして、あまりにもハズレ続けて心折れそうなときは、**心を無にして、淡々と、**申込み続けております。抽選のたびに、下手に期待いるわけです。

するともう、心が持ちませんから。

このように、まぁ、いろいろ心をコントロールしながら、十数年、ＩＰＯを続けて

ただ、当選目指して、やれることは、やっております。

それは、少しでも当選確率を上げるべく、**手数を出すこと。**上顧客でない我々がやれることとしては、それしかありません。

具体的には、まず、ＩＰＯ案件があれば、基本的には、そのすべてに申し込みます。

その際、できるだけ多くの証券会社に口座を開設しておき、アチコチの証券会社から申し込むことがポイントとなります。

なぜなら、**同一のＩＰＯでも、証券会社毎の抽選**になるからです。

大型ＩＰＯであれば、10社以上の証券会社で取り扱っていることもあります。もし10社から申込めれば、単純計算で、（1社のみからの申込みに比べて）10倍の当選確率となります。

そして、家族名義も使って申込むことで、さらに当選確率は上がります（1人につ

き1権利アリ）。以前、妻名義の口座で当選したときには、妻には、これまでにないくらい感謝しました。

こうやって手数を出すことで、IPO案件は年間90回程度ですが、実質的には、**数百回のチャンスがある**わけです。となれば、**確率的には、年間数回程度は当選するはずだ**、と希望が見えてきますよね（実際、私は当選しております）。

ちなみに、IPO取扱いのルールは、証券会社によってマチマチ。

IPO取扱件数やIPO割当株数、抽選枠の割合や申込時点での資金拘束の有無、そして抽選方法（1人1票制や資金量によるランク分け、IPOポイントによる当選率アップ等）などなど、、、。

これらを総合的にみて、個人的には、**「SMBC日興証券」「SBI証券」「マネックス証券」**がおススメです。

できるだけ多くの証券会社に口座を開設したいところですが、もし、ある程度絞るのであれば、その3社が、私のベスト3。実際、私はこの3社でよく当選しておりますす。そして余裕があるなら、「野村証券」「みずほ証券」も加えたいところです。

## 当選すれば（公募価格で購入できれば）、9割は儲かるって言ってましたが、、、残り1割はどうなるんですか？

IPO当選を果たし、めでたく公募価格で入手できたとしても、**1割程度（※）は儲かりません、というか、損することもあるのです。**すなわち、**初値価格が公募価格を下回ってしまう**のです。

※ここ5年間程度の実績による（時期によって、初値状況は異なる）。

そして、私自身、そんな憂き目にあっております。

実は、私は初IPO挑戦で、なんと、いきなり当選しております（まさにビギナーズラック）。その銘柄はコナミコンピューターエンタテイメントジャパン（現在はコナミに吸収合併）で公募価格38万円。当時、独立1年目の私にとっては大金ではありましたが、IPOはほぼ絶対に儲かる、と聞いており、いやがうえにも気持ちは盛り上がるのでした。そして、当時はIPO情報の取り方もよく分からず、何の根拠もなく、「初値は100万円くらいかも」と、ひたすら浮かれておりました。

そして上場当日、まさかの初値29万円、まさかの**公募価格割れ（損失9万円）。**

これには、当選して運が良かったのか悪かったのか、分かりません（結果としては、運が悪かったわけですが）。ただ、公募割れのショックよりも、当選したときの高揚感が忘れられず、私はこの後、IPOにハマっていくのでした。


その後、IPO抽選に申込み続け、忍耐と努力の結果、ちょくちょくとは当選を果たします。

しかし、当選するのは、公募価格割れのハズレ銘柄が多いのです、、、それはなぜか、その理由は単純で、そんな**ハズレ銘柄は人気がない**からです。人気がないから、申込む人が少なく、**競争率が低い**からに他なりません。

データ上、ここ数年、たしかにIPO銘柄の9割程度は「初値＞公募価格」となっています。

しかし、そんな競争率の関係から、**我々が当たりやすいのは、残り1割のハズレ銘**

**柄（初値＞公募価格）**です。なので、ＩＰＯ当選で儲かる実際の確率としては、私の体感レベルとしては、６～７割程度かと（それでも十分、魅力的ですが）。ＩＰＯを推奨する口当たりの良い記事は、この不都合な事実を書いていないので、要注意です。

ですので、ＩＰＯに当選しても、無条件に浮かれずに、気をつけなければいけません。ちなみに、以下のＩＰＯ銘柄は、ハズレ銘柄である可能性がかなり高くなっています。

・規模が大きい（株数が多い、市場からの吸収金額が大きい）
・売出株数の比率が多い（公募株数の比率が少ない）
・大口株主にファンドがいる（とくに外資系ファンドがいる）
・再上場銘柄である
・業種に目新しさがない
・赤字続きのバイオベンチャー系

抽選申込みの段階で、ＩＰＯ銘柄の詳細は公開されています。

ですので、これはヤバいと思った銘柄（前述のハズレ銘柄のパターンに多く当てはまる銘柄）には、申し込まなければいいわけです。…ただ、ヤバいと思われる銘柄でも、相場全体が盛り上がっているときなどは、意外と健闘することも少なくありません。

なので私は、とりあえず、（ヤバいと思った銘柄含めて）すべての銘柄に抽選申込みをしております。やはり**「手数」は大切**ですから。

そして、当選してから、あらためてその銘柄を吟味して、購入期限直前まで相場状況を見極めた上で、判断するようにしています。その上で、あらためて、これはヤバいと判断すれば、当選辞退をするとのスタンスを取っております（当選しても辞退することができる）。

とは言え、実際に当選してしまうと、モッタイなくて、そこはなかなか辞退できないもの。

なので以前は、「せっかく当たったんだし…」と、多少ヤバいと思っても、そこは目をつぶって（↑絶対にやってはダメ）思い切って買っていました。そして案の定、公募割れ。

そうです、私が**ヤバいと思った銘柄は、やはり、かなりの確率で公募割れとなる**のでした。

そして、私の公募割れ予想がズバズバ当たることから、「私は公募割れ銘柄を見抜くプロだ」と、変な自信を持ち始めたのです…もっとも、**ヤバい銘柄を見抜くのはわりと簡単**なので（前述のハズレ銘柄のパターンと照らし合わせるだけ）、これは大きな勘違いなのですが。。。

ただ、自信とは不思議なもので、「ハズレ銘柄を見抜くプロ（？）である自分が、公募割れを掴むことなど許されない」と、変なプライドができたおかげで、ある時期からは、当選しても、少しでもヤバいと思う銘柄はスッパリ辞退できるようになりました。

おかげさまで今では、ＩＰＯでの損失はしっかり回避できております。

最近の有名どころだと、ソフトバンク、ワールド、ナルミヤインターナショナルなど当選しましたが、いずれもスッパリ辞退。知名度抜群の魅力的な銘柄ではありますが、いずれも、ハズレ銘柄のパターンにかなり当てはまっていたのです。

これには、「もしソフトバンクを買っていたら、1単位につき3700円損失だったな（公募価格15万円↓初値14・63万円）」と、つまりは「しっかり判断して辞退できたから、3700円儲かったわけだ」と、脳内利益（エアー利益）を上げて、辞退の悔しさを紛らわしております。

このように、IPOでは、銘柄をしっかり見極めることで（それは決して難しいことではない）、**ほぼほぼ、損失を回避することができる**のです。

## 絶対に初値で売らないと、ダメなのですか？

基本的には、**初値でサクッと売ってしまうことをおススメします。**

なぜなら、上場直後は注目度が高く、いろんな思惑を持った投資家が売買に参加す

【参考】
## ここ最近（2018年〜2019年）のIPO「大当たり」の一例

| 上場年月日 | 銘柄 | 公募価格 | 初値価格 | 利益額（初値売却時） |
|---|---|---|---|---|
| 2019.12 | スポーツフィールド | 27.3万円 | 85.0万円 | 57.7万円 |
| 2019.12 | AI inside | 36.0万円 | 126.0万円 | 90.0万円 |
| 2019.3 | Welby | 52.0万円 | 180.3万円 | 128.3万円 |
| 2019.3 | サーバーワークス | 47.8万円 | 180.0万円 | 132.2万円 |
| 2018.12 | Kudan | 37.2万円 | 140.0万円 | 102.8万円 |
| 2018.4 | ベストワンドットコム | 43.3万円 | 148.3万円 | 105.0万円 |
| 2018.4 | HEROZ | 45.0万円 | 490.0万円 | 445.0万円 |
| 2018.4 | ビープラッツ | 22.0万円 | 100.0万円 | 78.0万円 |
| 2018.3 | アジャイルメディア・ネットワーク | 30.0万円 | 154.7万円 | 124.7万円 |
| 2018.3 | RPAホールディングス | 35.7万円 | 142.8万円 | 107.1万円 |

※公募価格・初値価格・利益額は、100株（最低取引単位）での金額

ることから、値動きが荒くなりがちだからです。そして、勢いや流れといったものに左右されやすく、その方向性も読みづらいからです。

すなわち、（初値で売らずに）タイミングを見ての売却には、相当の知識、と言うか経験、と言うか直観力や反射神経が必要とされます。なので、そういったものに自信がない限り、**初値売りが無難**でしょう。

…と言いながら、私自身、以前は「少しでも高く売りたい」と欲を張り、初値では売らずに、しばらく様子を見ることがほとんどでした。知識も経験も直観力・反射神経もないのに、上場直後の激しい値動きの中、無謀にも、売却のタイミングを計っていたのでした。

タイミングを計ることで、初値以上で売れたこともあれば、初値以下になったことも。

結果的には、まぁ、ボチボチでしたが、一つハッキリしたことがあります、それは、**「心臓に悪い」**です。

上場直後は値動きが激しく、銘柄によっては数万円単位で上がったり下がったり。

その値動きに振り回され、精神的にキツイな、と。

ちなみに、前述のリプロセルの初値は178万円。

素直に、この初値で売ればよいものを、「これは、すぐに300万円までいくよ」とのネット上での怪情報に惑わされ、しばらく様子を見ることに。

が、みるみる急落。

ハッと我に返り、これはヤバいと気付いて売るも、すでに160万円を割り込んでおりました。**ちょっとした判断ミスで20万円程儲け損なった**ことに、あふれ出す悔しさ（損失よりも「儲け損ない」の方が悔しかったりするもの）。

もっとも、これが直接のきっかけとなり、それ以来、何があっても**「機械的に、初値で売る」**ことを徹底するようになりました。おかげで今では、初値形成後の値動きに振り回されることはなく、精神的にはグッと楽になりました。

とは言え、初値で売った後に、グングン値を上げていく銘柄を見ると、多少は気にはなるもの。

たとえば、２０１８年6月当選のメルカリ。

公募価格30万円に対して初値50万円、そしてルール厳守で50万円で売却し、20万円もの儲けに大満足するも、そこから一瞬で、株価は60万円まで駆け上がるのです。

さすがにこれには、少し心ざわつきます。

しかし、**「初値売却」を絶対ルール**としていることで、それはあくまでも結果論だと、それ以上、心乱されることはありませんでした。

ちなみにその後、60万円から株価は急落し、結局、その日は53万円で取引を終えるのでした。

そして、そこからも株価は下落を続け、その年末には20万円を割り込む有様。そこからは反転の兆しもなく、現在も20万円程度で推移しております。

このように、ＩＰＯ銘柄では、上場時に人気が過熱するあまり、初値（近辺）がピークとなって、そこから急落、そして以後、ずっと低迷を続けることが少なくありません（**初値天井、上場ゴール**などと揶揄される）。

そんな銘柄を初値で売り損ねると、その後の売却タイミングはなかなか訪れず（というか、二度と訪れず）、見事に塩漬けとなる可能性が高いのです。その意味でも、初値でズバッと売ることをおススメするわけです。

ちなみに前述のリプロセルなど、**初値178万円に対し、株価は一時、10万円程度**（分割前株価に調整、5分割したため実際の株価は2万円程度）まで落ち込み、その後も初値までは程遠い状況です。なので、初値178万円では売れなかったとは言え、その後すぐに160万円弱で売った私は、（そのときは20万円儲け損ねたと悔しがるも）今となっては、150万円程儲かった気分でおります（脳内利益）。

なお、当選しなかったものの、どうしても欲しかったIPO銘柄は、上場後に（初値近辺にて）市場で購入したいとの誘惑にかられることもあるのでしょう（これを**セカンダリー投資**という）。

ただ、その場合、初値が妥当かどうかを見極めるのは、相当な目利き力が必要です。

また、前述のとおり、上場直後の値動きは激しいので、非常にハイリスク。なので、基本的にはおススメしません。私もかつて、どうしても諦めきれなかったIPO銘柄を、意外と初値が安いぞ（↑私の勝手な判断）、と上場直後に購入するも、ものの見事に急落に巻き込まれた記憶があります。

あらためてまとめると、ＩＰＯの心得としては、**「抽選に申し込んで当選し、初値で売ること」**です。

ポイントは、落選が続いても諦めず、心折れず、とにかく手数を出し続けて、**申込みを続ける**こと。

そして、当選しても決して浮かれず、しっかり銘柄を吟味して、ヤバいと思えば、スッパリと「当選辞退」する決断を。

あとは、少しでも高値で売れればとの誘惑に負けず、**初値売りを徹底**すること。

そこには、知識も経験もテクニックも不要、ＩＰＯに**必要なのは、強い意志のみ**と言ってもよいでしょう。

お金が増えるキーワード #2

# 株主優待

## 自社商品詰合せや優待券、カタログギフトなどがもらえる株主優待って、スゴクお得みたいですね。しかも、10％ものリターンが見込める銘柄もあるって本当ですか？

私が保有する銘柄の1つ、ヤマダ電機（大手家電量販店）。
現在株価は5万5000円程度（550円×100株）で、株主には年間で5500円分（※）もの優待券が贈られてきます。**5万5000円の投資で5500円分のリターン**ですから、これは利回りにすると10％。そうです、**株主優待のリターンであれば、**10％ものリターンが見込める銘柄もあるのは、ホントウです。

※2年以上保有の場合（1年以上は5000円分、1年未満は3000円分）。

そんな株主優待とは、**会社が株主に対して、自社商品や優待券などをお贈りするものです。**

つまり、株主優待とは、「いつもありがとうございます」との気持ちを「形」で表したもの。そして、株主優待を実施するか否か、そして実施するとすれば、その優待

## 株主優待

内容は会社次第。言わば、**会社から株主へのお中元・お歳暮**のようなものです。

優待の多くは自社商品や優待券（買物券・お食事券等）で、これは会社にとってもアピールになることから、優待を実施しているのは、小売・外食・サービス業など、我々に身近な会社（銘柄）が多くなっています。なお、上場企業全体のうち、3社に1社程度が優待を実施しており、その実施割合は、近年増加傾向にあります。

そして、**優待リターン（優待評価額÷株価）は3～5％程度はザラ**で、中には、冒頭のヤマダ電機のように10％もの高いリターンをはじき出すものもあるのです。

とくに割引優待の場合、利用の仕方によっては、驚異的なリターンとなります。

たとえば、「受講料10％割引（TAC）」や「老人ホーム等の入居一時金10万円割引（ロングライフホールディングス）」、「自社新築マンション1％割引（日神グループホールディングス）」など、上手く利用できれば、（これらの銘柄は数万円と安いこともあって）利回りは100％を超えてくることもあります。つまり、**優待を1回使えば、元が取れる**ということですね。

株主優待の中には、「株主様限定0・1％金利優遇定期預金（福島銀行）」「公開歌番組へ抽選招待（テレビ東京ホールディングス）」といったユニークなものもありますし、「株主様限定プレミアムビール（アサヒグループホールディングス）」「株主限定トミカ（タカラトミー）」といった株主心をくすぐる**株主限定モノも人気**です。

このように、しっかりリターンが見込め、しっかり楽しめる株主優待を目的に、株式投資をしている人（優待ファン）も少なくありません。かくいう私も、少なくない優待ファンの一人で、個別銘柄の選択には、株主優待を最優先に考えております。

## おススメの優待銘柄は、何ですか？

一般的には、優待利回りが高く、優待内容の使い勝手が良く、優待廃止・改悪リスクが低いことが絶対条件。

そして、会社自体の業績が良く、財務内容も安定していて、事業内容に将来性があること。さらには、株価は割安な水準であってほしいもの。

かなりアレコレ欲張った条件ではありますが、そのあたり、総合的に勘案して（そして、私の好みも大いに取り入れて）、絞り込み、選び抜いた渾身の銘柄が以下のベスト5です（株価・優待内容は2020年2月3日現在・100株保有の場合）。

**第1位　ビックカメラ（大手家電量販店）**

株価　11万6400円円

優待内容　年間5000円分の優待券（2年以上保有の場合（1年以上は4000円分、1年未満は3000円分））

コメント　同じ家電量販店でも、冒頭のヤマダ電機の優待券は「買上金額1000円毎に1枚（500円）利用可能」だが、ビックカメラ優待券は利用枚数に制限はないので使い勝手が良い。

**第2位　イオン（大手小売店）**

株価　22万3900円円

優待内容　株主優待カード（オーナーズカード）の提示で、半年毎に買上金額の

3％キャッシュバック

コメント　毎月20日・30日のお客様感謝デー（5％ＯＦＦ）とも併用できるので、イオンユーザー必携の優待。株主本人カードと家族カードの2枚発行されるのも嬉しい。

**第3位　オリックス（大手リース）**

株価　18万4600円

優待内容：カタログギフト・株主カード（オリックスグループ提供の各種サービスを割引価格で利用できる）

コメント　全国の名産品が選べるカタログギフトのクオリティは高く、しかも3年以上保有でワンランク上のカタログギフトとなる。また、レンタカー・中古車販売・野球チケット・老人ホーム・ホテル・水族館・人間ドック等、株主カードの利用範囲は広い。

**第4位　吉野家（大手外食チェーン）**

株価　24万5000円

優待内容　年間6000円分の優待券

コメント　優待券は1枚300円分なので、小分けに使えて便利（利用枚数に制限なし）。株価は2019年中頃から急騰しており高値圏なので、購入の際には、利回りもしっかり見極めて。

**第5位　クリエイト・レストランツ・ホールディングス（大手外食チェーン）**

株価　22万8100円
優待内容　年間6000円分の優待券
コメント　利用できる店舗は、和食・洋食・中華・カフェ・スイーツ・バイキングなど、幅広いジャンルにわたるので飽きない。

もっとも、優待内容は頻繁に変わることもあり、また株価水準や、私の嗜好も大きく変わる可能性があるので、あくまでも現時点のランキングではございます。
とは言え、ここ5〜6年程は、ランキングにほとんど変化はございません。
仕事柄、定期的にマネー雑誌等にて、おススメ優待ランキングの取材を受けるのですが、いろいろ悩みつつも、結局はいつも同じランキングになってしまうのが申し訳なく思っております（決して手を抜いているわけではない）。それだけ、ランキング上位は、**安定の鉄板銘柄**でもあるのです。

実際、私以外の回答者（経済専門家・ＦＰ・優待マニア等）も、ランキング上位は、いつも似たり寄ったりだったりするわけです。

優待実施企業は軽く１０００社を超えるので、ランキング上位に漏れた掘り出し銘柄や、自分好みのマニアックな銘柄など、もっといろいろ知りたいという方は、株主優待をピックアップした雑誌やＷＥＢサイトがたくさんありますのでどうぞ。

## 株主優待って、いつ贈ってくるの？

ほとんどの会社では、年1回もしくは2回贈ってきます。

ただし、権利確定日（決算日や中間決算日）の時点で、株主として登録されていることが条件です。

## 株主優待

たとえば優待が年1回の場合は、決算日（※）に株主として登録されている人に、1年分の優待が贈られてくるわけです。年2回の場合は、決算日と中間決算日ごとに株主を確認して、それぞれ半年分の優待が贈られることになります。

※多くの会社の決算日は3月末（中間決算日は9月末）だが、ビックカメラは8月末、イオンや吉野家、クリエイト・レストランツ・ホールディングスは2月末なので要注意。

すなわち、預貯金や債券の利息のように、保有期間に応じて「日割り」で受け取るしくみではなく、**権利確定日の株主に、1年分もしくは半年分の優待が贈られるしくみなのです。**

そもそも、優待は「日割り」で分割などできないですしね。

ちなみに配当金も「日割り」ではなく、権利確定日の株主に1年分もしくは半年分の配当金がドカンと支払われるしくみとなっています。

ですので、年1回優待の場合、株を1年間近くず〜と保有していても、権利確定日直前で売ってしまっては、優待は受け取れません。逆に、権利確定日直前で株を買って株主になれば、それで1年分の優待を受け取れるわけです。

その際、気を付けるべきは、**権利確定日に株を買っても遅い**、と言うこと。

なぜなら、株の受け渡し（株主名簿への登録）は、売買成立日を含めて3営業日後だからです。

たとえば、権利確定日が２０２０年3月31日（火）の場合だと、3月27日（金）までには買っておかねばいけないのです。

ここを勘違いして、3月31日に株を買って、「いつまで経っても優待が届かない！」と嘆く方が必ずいるのでご注意を。

このしくみを知って、こう考える人も出てくるでしょう。

それは、**「権利確定日直前に買って、権利確定日直後にすぐ売ればいいや」**と。

たしかに極端な話、権利確定日１日だけ株主であっても、優待は受け取れます。

しかし、やはり同じようなことを考える人は多いもので、一般には、**権利確定日直前には株価は上昇する**傾向にあり、割高となってしまうので、これはあまりおススメはできません。

しかも、**権利確定日直後には、理論上、優待と配当金の価格分だけ、株価は下落す**

**る**ことになります。

でも実際には、（とくに人気優待銘柄の場合など）それ以上に株価が下落するケースが少なくありません。ですので、そうやって株価が想定以上に下落したときに、タイミングを見計らって買うことをおススメします。

あと、株主優待を受ける際の注意点としては、**保有株数と保有期間**です。

保有株数については、多くの場合、最低取引単位である100株保有していれば優待を受けられます。

そして、保有株数が増えれば優待内容はグレードアップする場合が多いのですが、保有株数にそのまま比例してグレードアップするケースは稀です。

たとえば吉野家の場合、「100株保有で年間6000円分の優待、1000株で12000円分、2000株で24000円分」と、保有株数が10倍になったからと言って、優待も10倍になるわけではありません。

なので、**基本的には、最低取引単位である100株保有するのが、一番コスパが良い**わけですね。

ただ、中には、「優待が受け取れるのは、保有株数200株（500株、1000株）以上」などと、**最低取引単位の100株保有では優待が受けられない銘柄もあるので**要注意です。

保有期間については、多くの場合、とくに保有期間の条件はなく優待を受けられます（権利確定日直前の購入でもOK）。ただ、中には、「優待が受け取れるのは、保有期間は継続1年（2年、3年）以上」などと、**保有期間に条件をつける銘柄**もあるので要注意です。

## 株主優待もいいけれど、やっぱりお金の方がいいのですが…

とっても魅力的な株主優待ですが、**「やっぱり、リターンはお金でもらいたい」**と思う人もいるでしょう。

たしかに、お金に勝るものはありませんしね。

株式投資で金銭リターンを得ようと思えば、それは、配当金や値上がり益を狙うわけですが、実は、今回紹介した**株主優待を「お金に結びつける」**方法も2つあるのです。

1つは、優待内容がクオカードや図書カード、商品券といった**「金券の類」**を狙うこと。金券の類であれば、それはほぼ現金と言っても差し支えないでしょう。

ただ、注意すべきは、**金券優待（とくにクオカード）には、廃止・改悪が多い**ことです。

自社商品や買物券（お食事券）の類であれば、会社にとっては原価負担で済みますし、しかも宣伝効果も見込めます。しかし金券の類は、額面価格そのものの負担ですし、宣伝効果も薄いでしょう（せいぜい、券面に企業ロゴを入れる程度）。

そういった理由から、企業にとって金券優待は負担が大きく、廃止・改悪となる可能性が高いのです。

私自身、優待廃止・改悪の憂き目に会ったことは、一度や二度ではありません。

今、ザっと思い出すだけでも、イーグランド、THEグローバル社、ブロードリーフ、ミサワホーム、、、そのほとんどが金券優待銘柄でした。
中でも酷かったのが、エリアクエスト。

2018年3月に優待を新設して、同年6月末時点の株主にクオカード（1000円分）が贈られるも、なんと同年8月に優待廃止の発表。**優待新設から廃止まで5ヵ月**という史上最速のドタバタ劇は、もはや伝説となっております。

当然、優待廃止の発表日には株価は大暴落、その後も株価はズルズル低迷を続けております。

結果、私は1万円超の損切りを余儀なくされ（優待目当てで買ったので、優待廃止となれば用はない）、非常に高価なクオカードとなってしまいました。

なお、金券優待に限らず、突然の優待廃止・改悪リスクの高い銘柄としては、以下のケースが挙げられます。

・自社商品や自社優待券以外の優待（金券以外には、お米券やカタログギフトなど）
・業績が思わしくない（赤字転落はとくに注意）
・新設されて間もない優待（優待新設のニュースで株価急騰しているケースもある

ので、その意味でも要注意)
・優待利回りがあまりにも高すぎる(目安として利回り7〜8%以上)

優待廃止・改悪となれば、それはガッカリの一言。

その心理的ダメージも大きいですが、株価暴落(優待廃止・改悪は、ほぼ間違いなく株価にはマイナス影響)による**金銭的ダメージも相当なもの。**

魅力的な優待銘柄ですが、突然の優待廃止・改悪という、優待銘柄独自のリスクには要注意なのです。

優待廃止・改悪を避けるべく、いろいろとチェックするのが面倒な場合には、少なくとも、**何十年と長年続いている自社商品(優待券)優待を選ぶ**だけでも、廃止・改悪リスクはグッと減ることでしょう。


さて、株主優待を「お金に結びつける」もう1つの方法は、優待品を**金券ショップ等で売る**こと。

もちろん、優待品には「買取相場」があるので、最初から換金目的であれば、銘柄選びの段階で、しっかり調べておきたいものです。

というのは、同じ「1000円」優待券でも、人気度合（需給関係）によって、買取価格にはかなりの差がつくからです。基本的には、「利用できる店舗（商品）数が多く、利用枚数に制限なし」は高値で、「利用できる店舗（商品）数が少なく、利用枚数に制限あり」は安値となる傾向にあります。

たとえば、私の行きつけの金券ショップでは、ビックカメラ優待券は900円（額面の90%）での買取りですが、吉野家優待券は800円（額面の80%）、クリエイト・レストランツ・ホールディングス優待券は700円（額面の70%）と、少し買取額は下がります。そして、マルシェ優待券の買取りに至っては300円（額面の30%）と、かなり買い叩かれてしまいます。これは、マルシェ優待券は「1会計1人1枚限り」との利用制限が大きなネックなのでしょう。

なので、換金目的で優待を選ぶのなら、それは「自分が気に入ったモノ」ではなく、**「万人受けするモノ（高く売れるモノ）」**を、割り切って選ぶべき。ちなみに、買取場所や時期によっても大きく変動するので、そのあたりも事前に、しっかり調べておきましょう。

お金が増えるキーワード #3

# J-REIT

## J－REITに投資すれば、数万円から不動産オーナーになれて、安定して3％～5％の利回りが得られるらしいのですが。

J－REITとは、いわゆる**「不動産の一口オーナー」**です。

J－REITの運営会社（不動産投資法人）が、不特定多数の投資家から資金を集め、その資金で不動産を購入し、そこから家賃・テナント料・売却益を得て、それを投資家に分配金として還元するしくみの投資商品です。

現在、国内には60本以上のJ－REITがあり、**一口当たりの価格は2万円～80万円台（10万円台が多い）とお手頃で、分配金利回りは3％～5％程度**となっています。J－REITでは、収益の90％を分配金に回すというルールがあるため、これだけ高い利回りが実現可能なのです。

J－REITは**不動産投資信託**とも言い、**「不動産投資には興味はあるけど、ハードルが高いな」**と躊躇している人にとっては、うってつけの商品なのです。

そうです、実物（現物）の不動産投資となると、そのハードルは相当高いものです。

まず、優良物件を見つけ出す・見分ける「目利き力」が必須ですし（業者の勧める物件をホイホイ聞いていたらロクなことがない）、売買や賃貸契約時の交渉力も必要でしょう。あと、日々の管理業務も、ある程度の経験がないと手間暇がかかります。

そして、物件オーナーとしての所有者責任から逃れることはできませんし、当然、赤字となるリスクもあるわけです。

さらには、実物不動産の流動性は低く、売りたいときに売れないという怖さもあります。

そして何より、物件価格は安くても数百万、マンション一棟買いともなれば数千万円〜億円単位と、非常に高額なので（借金前提となる）、誰でも手軽にできるものではありません。

**不動産投資は、生半可な知識・経験・興味で、やるべきではない**と思っております。

…と言いながら、私自身、不動産投資には大いに興味があり、本やネット、不動産投資セミナー等でいろいろ勉強し、実際に物件もいろいろリサーチしていた時期がありました。

そして見つけ出したのが、札幌市近郊の、とある木造中古物件。**物件価格1００万円台と非常に安く、利回りはなんと10％超。**不動産投資に前のめりだった私は、この破格の条件に契約寸前までいくも、契約直前で、「あれっ、札幌って遠くないか（私は大阪在住）」と、今さら当たり前のことに気付きます。

今思えば、それくらい、数字しか見ていなかったわけです。

もし何かあったとき（実際、この物件はなんだかキナ臭く、何かありそうでした）、すぐに現場に行けないことは大きな不安ですし、そもそも、物件自体も一度も見ていません。それでいて、グイグイ契約を急かしてくる業者にも不信感を抱き、結局、契約は破談。

その後、一見、魅力的な物件（格安で高利回り）は見つかるものの、どれも地方物件ばかりで、キナ臭い中古物件ばかり。とくに不動産の実務経験のない私の目利き力・交渉力では、それが限界でした。

というわけで、不動産投資に興味はあれども、なかなか実行に移せずに悶々と日々を過ごすわけですが、そんな中、たどり着いたのが、このJ-REITでした。

J-REITでは、物件の目利き・契約交渉・管理業務等はすべて**「お任せ」**で、数万円から投資できて、いつでも売る（手放す）ことができます。

そして、投資家は「不動産そのもの」を所有するのではなく、「不動産を保有する投資法人の出資口」を所有することになるので、もし何かあったときにも、不動産所有者としての責任はなく、法人出資者としての有限責任となります**（出資額以上の損失は負わない）**。

すなわち、**実物不動産投資の不安・デメリットをすべてカバーしてくれる優れもの**で、実物不動産に拘らないのであれば、検討すべき投資商品と言えるでしょう。

実際、私自身、J-REITは総額500～600万円程度保有しており、安定して毎年4～5％程度の分配金を受け取っております。

そして、各銘柄の決算毎には、**保有物件の状況（稼働状況等の詳細なレポート）が**

**送られてくる**ので、（物件の目利き・管理業務等のわずらわしさはまったくなく）**不動産オーナー気分を満喫**しております。

今のところ、投資総額・分配金額としては格安中古ワンルームマンション程度ではありますが、今後、機を見てじわじわ買い増していくつもりです。

高額な実物不動産と違って、少額ずつ、いろいろな銘柄を、時間をかけて積立てのように買い増していくことができるのも、Ｊ－ＲＥＩＴも大きなメリットでしょう（**時間・銘柄分散投資ができる**）。

## おススメのＪ－ＲＥＩＴは、どれですか？

前述のとおり、現在、国内には**60本以上**のＪ－ＲＥＩＴがあって、その内容は、実に多種多様。

まず、メインとなる保有物件は、**オフィスビル・商業テナントビル・住宅**など、銘柄によって異なります。最近では**ホテル・旅館・物流施設・レジャー施設・老人介護施設**など、その種類はドンドン広がっています。なお、保有物件の所在地は、首都圏・3大都市圏中心の銘柄が多いですが、地方物件メインのものもあり、こちらも銘柄によって様々。

そして、その資産規模（保有物件数や物件取得総額）や自己資金比率（借金比率）も銘柄によって異なり、そのメインスポンサーも気になるところです。

また、基準価格（一口当たりの価格）も、2万円～80万円台と大きな開きがあります。ちなみに、その基準価格の水準を判断する際には、「一口当たりの純資産額（保有資産─負債）」との比較は欠かせませんし、直近の価格推移（急激な下落・上昇には要注意）も無視できません。そして、分配金利回りも3％弱～5％強と差があります。

このように、これだけ銘柄によってアレコレ異なるので、一概に、このJ─REIT（銘柄）がおススメです、、と言うのは難しいのです。

なので、不動産投資を楽しむ（不動産一口オーナー気分を満喫したい）とのスタンスであれば、**「その投資（保有）物件に魅力を感じるか」**を基準に選べば良いでしょう。

実は、**六本木ヒルズやハイアットリージェンシー大阪**などの誰もが知る物件から、**大型ショッピングモールや近所のテナントビル**などの身近な物件まで、意外とアチコチに、J―REITの保有物件はあるのです。

その銘柄の保有物件（投資比率上位の物件はすぐに調べることはできる）から選ぶのも、ワクワクして楽しいものです。そこに知っている（身近な）物件があれば、テンションも上がるのではないでしょうか。

実際、私自身、J―REITを選ぶ際には、基本的にはその保有物件を見て選んでおります（個人的には、ホテルや商業施設が好きです）。そして、J―REITの保有物件であるショッピングモールなどに行くときには、ちょっとしたオーナー気分（すでにその銘柄を保有している場合）や視察気分（その銘柄を検討中の場合）だったりするわけです。

さらに言えば、私の場合、その保有物件に加えて、やはり「お手頃で、お得な」銘柄に目がいってもしまいます。すなわち、**「基準価格が低くて、利回りが高い」**銘柄ですね。

というわけで、そんな私の独断と偏見で恐縮ではありますが、おススメのJ－REITを5本選んでみました。

**●大江戸温泉投資法人　90600円（利回り5・07%）**

大江戸温泉物語グループがスポンサー、物件取得総額367億円（14棟）。主な保有物件はスポンサー運営の温泉・温浴施設（主に大江戸温泉物語）で、旗艦物件は大江戸温泉物語レオマ・リゾート。

**●インヴィンシブル投資法人　53500円（利回り6・44%）**

外資系運用会社フォートレス・インベストメント・グループがスポンサー（ソフトバンクがサブ・スポンサー）、物件取得総額4980億円（146棟）。主な保有物件はホテルで、旗艦物件はウェスティン・グランドケイマン・セブンマイルビーチ・リゾート&スパ。

**●インベスコ・オフィス・ジェイリート投資法人　22480円（利回り3・49%）**

外資系資産運用会社インベスコ・グループがスポンサー、物件取得総額2283億円（19棟）。

保有物件の9割は大規模オフィスで、旗艦物件は西新宿プライムスクエア。

**●イオンリート投資法人　146500円（利回り4・12％）**

イオングループがスポンサー、物件取得総額3813億円（40棟）。

保有物件の9割は大規模商業施設（主にイオンリート）で、旗艦物件はイオンモールKYOTO。

**●ヘルスケア&メディカル投資法人　136200円（利回り4・85％）**

介護医療事業会社シップヘルスケアホールディングスがスポンサー、物件取得総額649億円（35棟）。

主な保有物件は三大都市圏にある高齢者施設・医療関連施設等で、旗艦物件はシップ千里ビルディング。

※基準価格（分配金利回り）は2020年2月3日、物件取得総額（物件数）は2019年末現在のもの。

もちろん、どれか1つしか選べないということではないので、気になる銘柄を、いくつか選べば良いでしょう。

実物不動産に比べれば、はるかにお手頃価格なので、複数銘柄への投資も十分可能ですから。その際には、できればタイプの異なる銘柄（メイン物件の種類・所在地等）を組み合わせて、分散投資を意識したいものですね。

**う〜ん、でも、どれも魅力的で、選びきれない…というか、すべて欲しいです！**

もし、資金に余裕があれば、すべてのJ-REITを購入すれば良いでしょう。

すべてのJ-REITを購入したとしても、**総額で1500万円程度**ですから、新築ワンルームマンション一室くらいの資金があれば、買えてしまいます…が、誰でもポンッと出せる金額ではないですね。

そこで、「すべてのJ－REITが欲しい」人におススメなのが、**J－REITインデックスファンド**と言われる商品です。

インデックスファンドとは、日経平均株価や東証株価指数など、「あらかじめ定められた特定の指数」に運用成績が連動するファンド（投資信託）のこと。その中でも、J－REITインデックスファンドでは、**東証REIT指数（すべてのJ－REITの値動きを指数化したもの）に運用成績が連動**します。

すなわち、J－REITインデックスファンドを1本買っておけば、**すべてのJ－REITに投資していることになる**のです。J－REITインデックスファンドは1万円程度から買えるので、なんと1万円ポッキリで、大げさに言えば、**日本の不動産全体に投資できる**ということなのです。

なお、インデックスファンドについては、どの運用会社の商品であっても、（同じ指数に連動するタイプであれば）運用成績は基本的には変わりません。なので、信託報酬（運用管理費用）等のコストが低く、資産規模が大きく安定したファンドを選べば良いので、選ぶのも楽なのです。

ちなみに、インデックスファンドに対して、アクティブファンドというタイプもあります。

こちらは、いわゆる「全体に投資するタイプ（＝平均点狙い）」のインデックスファンドと違って、特定の指数（＝平均点）を上回る運用成績を目指して、積極的に運用するタイプです。積極的に運用した結果、（インデックスファンドより）大きな儲けが期待できますが、その逆もあり得えます。

すなわち、運用会社（運用担当者）の「目利き力・運用手腕」が問われるわけで、一口に「J―REITアクティブファンド」と言っても、（J―REITインデックスファンドと違って）商品によって、その運用方針・運用成績は様々です。なので、その選択は難しいところではありますが、もし、その運用方針・運用成績に納得できるものがあれば、J―REITアクティブファンドも面白いかもしれません。

ただ、J―REITインデックスファンドにせよ、J―REITアクティブファンドにせよ、いずれも「**J―REITに投資する投資信託**（不特定多数の投資家から資金を集め、その資金で、複数のJ―REITを購入するしくみの投資商品）」ですから、どうしても、不動産オーナー気分は薄れてしまいます。**間接的に不動産に投資するJ－REITに、間接的に投資する**わけですから。

不動産投資を疑似体験したいのであれば（不動産オーナー気分を味わいたいのであれば）、できることなら、個別のJ－REITに直接、投資したいものですね。実際、私自身、J－REITインデックスファンドには、ほんの少額投資しているのみです。

## J－REITで、損することもありますか？

J－REITは投資商品である以上、元本保証はなく、もちろん、損失が出ることもあります。

実物不動産投資であれば、物件価格の値下がりによる損失リスクがあるように、J－REITの場合、**基準価格**（※）の値下がりによる損失リスクがあります。

※基準価格とは、J－REITの一口当たりの価格のことで、株式で言うところの株価にあたり、いわゆる時価のこと。

J−REITは株式と同じく、証券取引所で売買されている（上場している）ので、やはり株式と同じように、いつでも基準価格（時価）で売買することができます。これは、そう簡単には取引相手が見つからない、実物不動産投資に比べて、とてもありがたいところですね。

ただ、その**基準価格は、様々な要因、そして投資家の思惑で、常に動いています。**

基本的には、保有物件の収益性が向上したり、評価額が上がったりして、そのJ−REIT（を運営する不動産投資法人）の業績が良くなれば、基準価額は上昇します。当然、その逆も。そして保有物件の状況以外にも、そのJ−REITの財務状況・経営方針も基準価格の大きな変動要因ですし、J−REIT市場全体の相場にも影響を受けます。

ただ、「最近、値下がりしているなぁ、そろそろ上がるのでは」といった、過去の値動きから、基準価格の先行きを判断（予想）する投資家も少なくありません。実際、そのように判断する投資家が一斉に買えば、業績に関係なく、基準価格は値上がりします。

このようにＪ－ＲＥＩＴの基準価格は株式同様に、様々な要因、そして投資家の思惑で動いているので、その予想は困難なのです。

もっとも、Ｊ－ＲＥＩＴの場合、不動産という確固たる資産があり、収益源は家賃・テナント料と安定していることから、**株式に比べ、その値動きは比較的安定**しているとはされていますが。

とは言え、何かあれば基準価格は大きく動くので、タイミング良く上手に売買できれば（安く買って、高くで売る）、**短期間で大きな収益を上げることも可能**です。もし自信があれば、基準価格の値動きを狙っての、短期売買もアリかもしれませんね。

もっとも、私はそんな自信はないので、もっぱら分配金目当ての「長期保有」スタンスです。

多少の値動きには動じず、保有する銘柄が値下がりした際には、むしろナンピン買い（値下がりしたタイミングで買い増すこと）をして、じわじわ保有数量を増やしております。そうやって、機会を見てＪ－ＲＥＩＴの保有量を増やして、受け取る分配金を増やしております。

ただ、実物不動産でも、家賃・テナント料が予想を下回ることがあるように、**J－REITでも分配金が下がる可能性**は十分あります。

基本的には、保有物件が増えたり稼働率が上がれば、分配金は上がりますし、保有物件が減ったり稼働率が下がれば、分配金は下がります。ただ、その先行きを見極めるのは難しく、そこはJ－REIT（を運営する不動産投資法人）にお任せするしかありません。

もっとも、保有物件や家賃・テナント料がゼロになることは考えにくいので、分配金がゼロになることは、まずあり得ないでしょう。一方、株式配当金の場合、その源泉は企業の利益なので、その業績によっては、いきなり無配当となることは決して珍しいことではありません。

その意味では、**手堅い分配金は、J－REITの強み**と言えるでしょう。

なので、J―REITの強みである、その分配金が下がった場合には失望感も大きく、基準価格も下がる可能性は高いのです。すなわち、分配金の引き下げは、**収益の減少と資産価値の減少というダブルパンチ**につながる可能性が高く、**J―REITにおいては最も残念な状況**と言えます。

もっとも、不動産という確固たる資産を持つJ―REITの基準価格がゼロとなることは考えにくく、万一、ゼロとなったとして、投資額（元本）がなくなってしまうだけで、それ以上の損失は負いません。実物不動産投資のように、借金、赤字、そして不動産所有者としての賠償責任等といった、**投資額以上の（想定外の）損失を被るリスクはないのです。**

ちなみに、想定外の事態に弱い私にとっては、不動産投資でありながら、それら**無限責任を負わなくてもよい**ところが、J―REITを選んだ一番の動機だったりもするわけです。

お金が増えるキーワード #4

# 個人向け国債

## 個人向け国債って、すごく手堅くて、便利で、お手軽だと勧められたのですが。。。

個人向け国債とは、**購入対象者を個人に限定した国債**です。

国債とは、正式名称は国庫債券で、**国が発行する債券（いわゆる借用証書）**のことです。

つまり、個人向け国債を購入することは、**「国にお金を貸す」**ということなのです。お金を貸すわけですから、あらかじめ決められた利息を定期的に受け取ることができて、満期になれば、お金は戻ってきます。

そして、この個人向け国債には、通常の国債、というか一般の債券（地方債、社債、金融債など）にはない、大きな特徴がいくつかあるのです。

中でも特筆すべきは、個人向け国債を**中途換金する場合には、国が「額面金額」で買い取ってくれる**こと。

すなわち、額面金額100円あたり100円で買い取ってくれることです。個人向け国債は「額面金額」での購入（額面100円につき100円での購入）なので、これは、**国が元本保証**してくれるということですね。

ちなみに、**一般の債券では、中途換金時には「時価」での売却**となります。

ですので、その売却額は、額面金額100円あたり120円だったり、90円だったり…と、満期まで保有すれば額面金額が戻ってくるのですが（額面金額100円あたり100円が戻ってくる）、中途換金となると、元本割れする可能性もあるのです。

それが、（それなりの金利が期待できる）債券のリスク（価格変動リスク）なのです。

しかし、**個人向け国債の場合は、その価格変動リスクはない**ということです。

※ただし、中途換金時には、直近2回分の利息（税引後）は差し引かれるというペナルティがあるので注意が必要。

とは言え、発行体である国が破綻すれば、額面金額で買い取ってくれるかどうかは分かりません、、、が、その可能性（破綻リスク）は極めて低いと言えるでしょう。

個人向け国債に限らず、債券を買うと言うことは、その債券の発行体にお金を貸すわけですから、発行体が破綻すると大損します。その点、発行体が国であることは、大きな安心材料でしょう。

もっとも、「いや、日本はヤバいよ」と国の行く末を不安視する人は常に一定数いますが、少なくとも、地方自治体（地方債の発行体）や会社（社債の発行体）よりも安心なはずです。日本がどうにかなれば、地方自治体や会社も無事では済まないですからね。

その意味でも、国が発行する個人向け国債は、非常に**「手堅い」**と言えるでしょう。

そして、個人向け国債には10年物、5年物、3年物と3種類ありますが、特筆すべきは10年物。

なぜなら、10年物は**「変動金利」**という、珍しいタイプだからです。

一般の債券は**「固定金利」**なので、満期までずっと金利は変わりません。ですので、この超低金利時代に発行された債券の金利であれば、満期までずっと低いままです（なので、一般の債券は、世の中の金利が上昇すれば、その時価は下落する）。これは将来、世の中の金利が上昇すれば、すごく不利なことですね。

しかし、変動金利タイプであれば、世の中の金利が上昇すれば、自動的に、適用される金利も上昇します。

なので、何も焦らず、慌てず、そのまま持ち続けていれば良いわけで、個人向け国債（10年物）は非常に**「便利」**だと言えるでしょう。

あと、個人向け国債は1**万円から購入可能**で、銀行や郵便局、証券会社等、多くの金融機関窓口で取り扱っています。

いつ、どこで購入しても、条件は同じなので、ご安心を。

つまり、少額から、いつでも、どこでも同じ条件で買える個人向け国債は、とても**「お手軽」**だと言えるでしょう。


そんな、**「手堅く」「便利で」「お手軽な」個人向け国債**は、投資商品に手厳しいファイナンシャル・プランナーの間でも、評価の高い商品でもあります。

私も、とくに投資初心者・投資デビューの人には自信をもっておススメしていますし、そしてもちろん私自身、そして私の家族も全員、個人向け国債ホルダーです。

そんな個人向け国債の概要については、次ページの図にまとめました。

【個人向け国債の概要】

| | 10年物 | 5年物 | 3年物 |
|---|---|---|---|
| 満期 | 10年 | 5年 | 3年 |
| 金利タイプ | 変動金利(半年毎) | 固定金利 | 固定金利 |
| 金利設定方法 | 基準金利×0･66 | 基準金利−0･05% | 基準金利−0･03% |
| 最低保証金利(下限) | 0･05% | | |
| 購入単位 | 額面1万円から(1万円単位) | | |
| 発行(販売)価格 | 額面金額100円につき100円 | | |
| 償還金額 | 額面金額100円につき100円 | | |
| 中途換金 | 額面金額100円につき100円<br>※国が額面金額で買い取る<br>※発行から1年経過していること<br>※直近2回分の利息(税引後)が差し引かれる | | |
| 発行頻度 | 毎月 | | |

※基準金利は、各年の固定利付国債の利回り(10年物は平均落札利回り、5年物･3年物は想定利回り)

## なるほど、手堅くて、便利で、お手軽ではありますが、、、儲かるのですか？

債券とは、その発行体に直接お金を貸すわけですから（それなりのリスクを負うことになるので）、一般には、それなりの金利が期待できるのですが、、、現在の超低金利下においては、残念ながら、**債券金利は極めて低い水準が続いています。**

ですので、個人向け国債の金利においても、ここ数年は3年・5年・10年物のすべてが、**ほぼ下限の0・05％に張り付いている状態です。**この程度の金利であれば、銀行預金でも、これより高金利なものはいくらでもありますよね。

そうです、「個人向け国債で儲かるのか」と聞かれれば、現状では、それは難しい（というか無理）と言わざるを得ません。

ではなぜ、本書テーマである「お金が増える」キーワードに選んだのか、、、その理由は2つあります。

まず1つ目の理由は、**預貯金から投資へのきっかけとなる商品**だから。

投資相談でよくあるケースが、「預貯金しか経験ないけど、預貯金ではお金が増えないので、なんとかして増やしたい（投資デビューしたい）」というもの。

そんな人にこそ、まずは、手堅く、便利で、お手軽な個人向け国債は、うってつけの商品なのです。

一般に、投資商品としてすぐに頭に浮かぶ、メジャーな商品と言えば、株式や投資信託など。

しかし、預貯金からいきなりの株式等デビューというのは、**ローギアからいきなりトップギアに入れる**ようなもの。

その場合、**エンスト（知識不足でパニック）や事故を起こす（大損を被る）**可能性が高いでしょう。

それで、投資が嫌になって（怖くなって）やめてしまう…そうなってしまうと、お金を増やすチャンスが閉ざされてしまい、これから先の人生の選択肢が狭まってしまいます。

## 個人向け国債

ですので、ローギア（預金）の次は、ギアは2速に入れて、徐々に慣れていくことが大切です。

そして、その2速にあたるのが債券で、その債券の中でも国債、とりわけ個人向け国債は、その安全性や利便性から、**極めて預貯金に近い商品**と言えるのです。

たしかに、個人向け国債でお金を増やすことは難しいですが、個人向け国債でムリなく「預貯金以外の商品」に慣れることで、本格的な投資へとスムーズに進むことができ、ひいては、お金を増やす選択肢を得ることができるのです。

できることなら、預貯金↓国債（とくに個人向け国債）↓公社債投資信託↓株式投資信託↓個別株式↓FX・先物等と、段階を追って、投資に慣れていきたいものです。

株式やFXといった知名度の高い投資商品と違って、債券は地味で分かりにくいとも言われます。

しかし、**預貯金からムリなく、本格的な投資へとつないでくれる大切な商品**なので、本書をきっかけに債券にも興味を持っていただければ幸いです。

もう1つの理由は、**キャンペーンも合わせれば、魅力的**だから。

個人向け国債については、定期的にキャンペーンを行っている金融機関が多く、そのキャンペーンに上手く乗ることで、それなりのリターンが見込めます。

よくあるキャンペーンは、「個人向け国債10年物を額面100万円分購入につき、3000円程度の現金がもらえる」というもの。これは金利にすれば0・3％程度ではありますが、一定要件を満たせば、**ノーリスクで確実に得られるリターン**ですから、活用しない手はありません。

どの金融機関（窓口）で購入しても、個人向け国債そのものの内容は同じです。

多くの金融機関で取り扱っている個人向け国債ですが、購入するのであれば、（とくに金融機関のしがらみがなければ）何らかのキャンペーンを実施しているところで購入したいものですね。

## たしかに、銀行や証券会社などで、キャンペーンはよく見かけますね。

そうです、個人向け国債に限らず、金融機関では、定期的にキャンペーンを実施しています。

証券会社等での新規口座開設キャンペーンや、株式の売買委託手数料や為替手数料の無料（引き下げ）キャンペーン、取引内容に応じたポイント付与・キャッシュバックキャンペーンなどなど、実に多種多様なキャンペーンが、アチコチの金融機関にて、定期・不定期に実施されているのです。キャンペーンは、ノーリスクで確実に得られるリターンですから、普段からキャンペーンには敏感でいて、少しでもお得に、お金を増やしたいものですね。

ちなみに私自身、キャンペーンは大好きでして、普段から、実際にアレコレ試しております。

一時期、多くのＦＸ会社では、新規に口座開設をするだけで数千円〜1万円程度もの現金がもらえるほど、キャンペーン合戦が加熱しておりました。

これは美味しすぎると怪しみながらも、ここぞとばかり20〜30社、ほぼすべてのＦＸ会社に個人情報をバラまきつつも、キャンペーンだけで数万円もの現金を手にしたことがあります。これには、**うまくブームに乗っかれば、それなりに美味しい思いができる**なと、キャンペーンの力を実感した次第です。

あと、私は懸賞金付定期預金も大好きで、当初は、「まぁ、当たることはないだろうな」と思いつつ、ほとんど期待せずにやり始めましたが、これが１０００円、３０００円程度は、意外とサクサク当たるのです。

これには、**何事も実際にやってみないと分からないな**と、やはりキャンペーンの力を実感しました。

キャンペーンに吊られて必要ないものに投資するのは愚の骨頂ですが、もともとやるつもりであるなら、キャンペーンに上手く乗るに越したことありません。

ちなみに、ＮＩＳＡやｉＤｅＣｏといった税制優遇制度、他にも様々な補助金や助成金制度、税金軽減制度の類も、ある意味、**国公認のキャンペーン**といっても差し支えありません。となれば、普段からそういったキャンペーンにアンテナを張っておく習慣を身につければ、「お金を増やす」以外にも、様々なシーンで、有利に人生を過ごすことができそうですね。

と、個人向け国債から、話はドンドン広がってしまいましたが、、、そうです、**個人向け国債は、本格的な投資への足掛かり、そして、キャンペーン慣れの第一歩としてなど、いろいろと見識・経験が広がる商品**でもあるのです。ぜひ、個人向け国債をきっかけに、「お金が増える」世界に飛び込んでみてください。

そして最後に、私自身と個人向け国債について、一言。

すでにガンガン投資をしている私にとっては、正直言って、個人向け国債は必要ないのですが、、、今は、キャンペーン目当てにやっております。

先日もSMBC日興証券にて10年物を購入、そして数千円をゲットさせていただきました。

しかしその後、金利上昇の気配はなく、適用金利は下限付近で貼り付いたままなので、見切りをつけてサクッと中途換金したことは、ここだけの話です。

お金が増えるキーワード #5

# iDeCo

## 個人型確定拠出年金

## 節税によって、確実に15％の利回りが見込める運用方法があるらしいですね。

はい、それはズバリ、今話題のｉＤｅＣｏのことです。

ｉＤｅＣｏとは**個人型確定拠出年金**のことで、**「自らの掛金を、自らで運用する年金制度」**のことです。

当然、その運用次第で、将来の年金額が増えることもあれば、減ることもあるわけで、いわゆる**「自己責任の年金制度」**とも言われています。

今後ますます、国民年金や厚生年金保険といった公的年金制度の運営が厳しくなっていくであろう中で、国が、**「自分の年金は、自分で何とかしましょう」**とのメッセージを込めて導入し、今、積極的に推し進めている年金制度なのです。

実は、すでに20年程前から導入されている制度なのですが（２００１年導入）、従来は、自営業者や、企業年金制度のない企業の従業員しか加入できませんでした。それが２０１７年より、公務員、専業主婦、企業年金制度のある企業の従業員（要件アリ）なども加入対象に加えられ、現在、**ほぼ全国民が加入できる制度**となっているのです。これには、**国の意気込みを感じずにはおられません。**

2017年の制度拡充と同時に、iDeCoとの愛称もつけられて、金融機関も巻き込んで大々的に推し進められています。銀行や証券会社のポスター・パンフレット等でも、このiDeCoの文字を見かける機会は多いのではないでしょうか？

そして、その加入を推し進める大きなインセンティブ（動機付け）が、冒頭質問にもある**「確実に15％の利回りが見込める」**なのです。

とは言っても、これは、「iDeCoで運用すれば15％を保証する」ものではありません。運用そのものは自己責任、運用成果がどうなるかは、誰にも分かりませんからね。

この「15％の利回り」のカラクリとは、**節税**によるものです。

具体的には、iDeCoへの掛金は、その全額が所得控除（小規模企業共済等掛金控除）の対象となって、所得金額から差し引かれる（控除される）ことにあります。

税金（所得税・住民税）は、所得金額に課されるわけですから、**差し引かれた所得金額には、税金はかかりません。**

ちなみに税率は、所得税は5％～45％（所得金額に応じて変動）、住民税は一律10％。なので、最低でも、差し引かれた所得金額の15％分（所得税5％＋住民税10％）は、税金が安くなるのです。それは、その分、儲かったと同じことですから、**掛金額の15％は確実に儲かる**ということですね。

仮に、掛金額が毎月1万円なら年間12万円ですから、この場合、年間1・8万円税金が安くなります。

これは言い換えれば、**12万円の投資で、確実に1・8万円儲かる**ということです。

このように、iDeCoの節税効果によって、実質的に（※）、確実に15％の利回りが見込めるということなのです。

※あくまでも節税（所得控除の効果）によるものなので、税金を納めていない人（納税額が極めて少ない人）は、その恩恵は（十分には）受けられないので注意。

## でも、運用で失敗して損失を被ってしまうと意味ないのでは…？

たしかに、運用で15％以上の損失が出てしまうと、節税による儲けは吹っ飛んでしまいます。

しかし、iDeCoでは、預金等の**元本保証型商品（もしくは極めて安全性の高い投資信託）を選ぶことができます。**

その場合、資産を増やすことはほとんどできませんが、逆に、減らすこともほとんどありません。

なので、そういった商品を選択することで、安全確実に15％の利回りを得ることが可能なのです。実際、多くの人は、そうやって節税メリットのみをしっかり享受しています。

つまり、「運用してなんぼ（節税メリットは、運用益非課税のみ）」のNISA（162ページ参照）に対して、iDeCoでは**ムリに運用しなくても、しっかり儲けること**

**ができる**のです。その意味では、ＮＩＳＡと比べて、より多くの人にとって（運用そのものに興味のない人にとっても）、魅力的な制度と言えるでしょう。

## となると、安全商品に年間１００万円掛けたなら、確実に15万円儲かるわけですね!?

いえ、残念ながら、そこまで話は甘くありません。

というのは、ｉＤｅＣｏへの**掛金額には上限が決められている**からです。

上限額を決めておかないと、この制度の魅力を知っている富裕層は、トコトン利用してくるでしょう。そうなると、過度な節税につながり、国も困ってしまいます（それくらい、効力の高い制度なのです）。

なお、その上限額は、左図のとおり、加入対象者の区分によって異なります。

ちなみに私の場合、自営業者ではありますが、会社の代表なので、社会保険上は健康保険・厚生年金保険に加入しています。これは意外と知られていないことですが、

## 【iDeCo加入対象者の区分と、その掛金拠出限度額】

<table>
<tr><th colspan="3">加入対象者</th><th>掛金上限額（年額）</th></tr>
<tr><td colspan="3">自営業者等（国民年金第1号被保険者）</td><td>81.6万円</td></tr>
<tr><td rowspan="4">会社員（国民年金第2号被保険者）</td><td colspan="2">企業年金制度なし</td><td>27.6万円</td></tr>
<tr><td rowspan="3">企業年金制度あり</td><td>企業型確定拠出年金のみを実施</td><td>24.0万円</td></tr>
<tr><td>企業型確定拠出年金と企業型確定拠出年金以外の企業年金の両方を実施</td><td>14.4万円</td></tr>
<tr><td>企業型確定拠出年金以外のみを実施</td><td>14.4万円</td></tr>
<tr><td colspan="3">公務員等（国民年金第2号被保険者）</td><td>14.4万円</td></tr>
<tr><td colspan="3">専業主婦等（国民年金第3号被保険者）</td><td>27.6万円</td></tr>
</table>

※企業型確定拠出年金については、104ページにて説明

**社長（会社役員）であっても、社会保険上は、一般会社員と同じ立場**なのです。

すなわち、図で言えば、私は会社員（国民年金第2号被保険者）の立場となります。

一口に自営業といっても、「個人事業主（国民年金第1号被保険者）」か「会社経営者（国民年金第2号被保険者）」かによって、社会保険上、そしてiDeCo上の立場は大きく違うわけですね。

そして、従業員は私1人のわが社には企業年金制度などないので、私の掛金上限額は年間27・6万円。

なので、キリよく毎月2万円（年間24万円）、ほぼ上限いっぱいまでiDeCoを利用して、しっかり節税に励んでおります（運用商品の詳細については後述）。

ところで、iDeCoの節税メリットは、この所得控除だけではありません。

NISAと同様、iDeCoにおいては、その**運用収益は非課税**となるのです。

すなわち、本来であれば、配当や値上がり益といった運用収益には20・315％の税金がかかるところ、それがゼロに。仮に10万円の運用益なら20315円の税金がかかってくるところが0円ですから、これは大きなメリットですね。

しかも、NISAのように、非課税期間の上限はなく、**運用期間中はずっと非課税**

**は続きます。**

しかも、ＮＩＳＡにように、一度売却したら非課税枠は二度と使えなくなることはなく、**拠出した掛金は何度も繰り返し売買することができて、その都度、運用益は非課税**となるのです。つまり、タイミング良く売買することができれば（運用益を積み重ねることができれば）、その非課税効果は相当なものになりますね。

また、ｉＤｅＣｏにおいては、その**受取時にも、税金は優遇**されています。

具体的には、**国民年金等の公的年金と同じ扱い**となり、税金の計算においては、その年金額から「公的年金等控除額」が差し引かれます。その詳細は割愛しますが、年金収入のみなら、基本的に、65歳未満であれば公的年金と合わせて年間１０８万円まで、65歳以降であれば年間１５８万円までは税金はかかりません。その金額を超えても、公的年金等控除額の効果は大きく、一般には、税額はさほど高額にはなりません。

また、一時金で受け取る場合には、**退職所得の扱い**となり、これまた税金は有利になります。

こちらも詳細は割愛しますが、仮に30歳から60歳まで加入していた場合には、その受取額が１５００万円までは税金はかかりません。もちろん、一時金が高額な場合には税金がかかってくるケースもありますが、退職所得は非常に優遇されているため、やはり、税額はさほど高額にはなりません。

まとめると、ｉＤｅＣｏでは**拠出時・運用時・受取時に、それぞれ絶大な税制優遇**があるわけです。

これは、数ある節税制度の中でも、**最強クラスの節税制度**と言ってもよく、将来の自分年金作りのためには、利用しない手はないでしょう。

## それなら、ぜひともやってみたいのですが、、どうすればいいのですか？

前述のとおり、自営業、会社員（一定要件アリ）、公務員、主婦、学生…そして無職の人であっても、基本的には誰でもｉＤｅＣｏに加入できます。そして、その加入手続きは、**各金融機関の窓口**にて行います。

多くの銀行、証券、保険会社にはｉＤｅＣｏ窓口があるので、そこでの案内に従って手続きを進めれば、手続きそのものは、さほど難しくはないはずです。

ただ、問題は、**どの金融機関を選ぶか**、です。

どの金融機関をiDeCo窓口（窓口となる金融機関を運営管理機関と言う）に選んでもかまいませんが、金融機関によって**「手数料」「選択できる運用商品ラインナップ」**は異なります。iDoCoでは、数十年スパンでのお付き合いになるわけですから、慎重に選びたいところですね。

まず、手数料について。

NISAの利用は無料ですが、iDeCoには手数料がかかってきます。

どの金融機関を窓口に選んでも、加入時の初期費用（一時金）として2829円かかります。そして、毎月の口座管理手数料として、国民年金基金連合会に105円、信託銀行に66円、合計171円かかってきます。つまり、口座管理手数料として、**年間で約2000円は、絶対に支払わないといけない**のです。

そして問題は、窓口金融機関（運営管理機関）に支払う、運営管理手数料です。

なぜなら、運営管理手数料については、毎月0円〜500円程度（年間0円〜

## 【iDeCo手数料】

<table>
<tr><td>加入時手数料<br>(国民年金基金連合会)</td><td colspan="2">2,829円</td></tr>
<tr><td>口座管理手数料<br>(国民年金基金連合会)</td><td>毎月105円</td><td rowspan="3">年間<br>約2,000円<br>～約8,000円</td></tr>
<tr><td>口座管理手数料<br>(信託銀行)</td><td>毎月66円</td></tr>
<tr><td>運営管理手数料<br>(運営管理機関(窓口金融機関))</td><td>毎月<br>0円～<br>500円程度</td></tr>
</table>

6000円程度）と、金融機関によって大きく異なるからです。

つまり、窓口をどの金融機関にするかによって、**毎月の手数料合計は年間2000円〜8000円と相当な差になります。**仮に30年間続けるなら、その差は18万円…何十年と続ける人も多いであろうiDeCoでは、この差は無視できないでしょう。手痛い手数料ではありますが、iDeCoの節税メリットを考えれば、十分に元は取れるはずです。

なお、この手数料は、掛金額に関係なく一律なので、**掛金額が少ないと「割高」**となります。なので、できることであれば、掛金額を増やしたいものですね（節税メリットもより多く享受できるので）。

そして、運用商品ラインナップについて。

iDeCoでの運用で選択できるのは、窓口金融機関で取り扱っている商品に限られます。そして、その商品ラインナップ（種類と数）は金融機関によって異なります。

基本的には、元本確保型商品（預金や保険）1〜2本と、種々の投資信託というパターンですが、投資信託については、**数本程度〜30本以上と、金融機関によって差があるの**です。

数本程度だと、どうしても選択肢も限られてしまいますよね。

当然、取扱い本数は多い方が種類も豊富で、選択肢も広がります。とくに、お目当ての投資信託があるのであれば、あらかじめ、商品ラインアップはしっかり確認しておきたいところです。


まとめると、窓口金融機関（運営管理機関）については、**手数料0円で、商品ラインナップが充実しているところ**を選ぶべき、だと言うことです。加えて言うなら、普段から取引していて、使い慣れている金融機関であれば、なお良しでしょう。

現在、手数料0円の金融機関は、ＳＢＩ証券、楽天証券、大和証券、イオン銀行など10社もありません。

商品ラインナップは、大手ネット証券であれば、投資信託は30本以上と充実しているところが多く、個人的にはＳＢＩ証券、楽天証券あたりがおススメです（ちなみに私は楽天証券を選びました）。

なお、窓口金融機関の変更はできますが、その場合、かなりの手間暇がかかりますので、基本、一度決めたら、ずっと同じ金融機関でいきたいものです

## では、運用商品は、どれを選んだらいいのですか…?

運用商品の選択（各運用商品への掛金の配分）については、**「正解」はありません。**

一般論としては、低コストのインデックスファンドにバランス良く分散させ、長期でじっくり運用する…ですが、資産が減るのが絶対に嫌なら、定期預金等を選べばよいですし、逆に、運用が大好きであれば、ハイリスク商品を中心に選んでも良いわけです。

もちろん、その人の年齢、収支、資産状況、老後の計画等によっても、その選択基準は変わってきます。

そのあたり、運用手法や投資哲学については、語り始めると長くなるので、ここは参考までに、私自身の選択（資産配分）を紹介するに留めておきます。

私の場合、運用大好きなので、アグレッシブに、アレコレ商品を選びました。

具体的には、毎月2万円の掛金はすべて投資信託に、中でも外国資産をメインに、

## 【私の資産配分】

| 資産区分 | | 商品名 | 配分<br>(金額・割合) |
|---|---|---|---|
| 投資信託 | 国内株式 | iTrust 日本株式 | 3,000円<br>(15%) |
| | 国内債券 | 明治安田DC日本債券オープン<br>(DCしあわせ宣言) | 2,000円<br>(10%) |
| | 外国株式 | インデックスファンド海外新興国<br>(エマージング)株式 | 2,000円<br>(10%) |
| | | iTrust 世界株式 | 1,000円<br>(5%) |
| | | たわらノーロード 先進国株式 | 1,000円<br>(5%) |
| | | ラッセル・インベストメント<br>外国株式ファンド(DC向け) | 1,000円<br>(5%) |
| | 外国債券 | たわらノーロード 先進国債券 | 2,000円<br>(10%) |
| | | インデックスファンド海外新興国<br>(エマージング)債券 | 2,000円<br>(10%) |
| | 外国不動産 | 三井住友・DC外国リート<br>インデックスファンド | 3,000円<br>(15%) |
| | コモディティ | ステートストリート・ゴールドファンド | 3,000円<br>(15%) |

10商品に分散させています（右図参照）。

iDeCoを始めてから3年強が経ち、現在、積立総額は約80万円で、累計利益は5万円程度。

途中、若干の利益確定をして、全資産の3割程度は定期預金に移していることもあって、アグレッシブな運用のわりに運用利益はたいしたことありませんが、所得控除による節税メリットはしっかり享受しており（若干ながら、運用益非課税の恩恵も享受）、十分に満足しています。

**ところで、iDeCoでは、60歳まで引き出せないと聞いたのですが、、、**

そうです、iDeCoでは、**「60歳まで引き出せない（給付開始は60歳以降）」**ことに要注意です。

しかも、加入期間10年以下の場合は、その加入期間に応じて、引き出せるのは61歳以降となります（加入期間期間2年未満だと65歳以降）。

ちなみに、前述のとおり、確定拠出年金制度は２００１年から導入されています。

これはちょうど、私がファイナンシャル・プランナーとして独立した年で、当然、その絶大な効果も知っており、「お金のプロとしては、これはやっておくべきだろう」とは考えておりました。しかし、当時まだ24歳で、60歳などまだまだ先の先…やはり60歳まで引き出せないことがネックとなり、気にはなりつつも、加入は先送りにしていたのです。

それが２０１７年に大幅改正があって、ｉＤｅＣｏの愛称とともにリニューアル（制度拡充）、加入対象者が爆発的に広がり、知名度も一気に広がりました。

そして気付けば、私も40歳、60歳もそんなに遠くはありません。

というわけで、私はそのタイミングでｉＤｅＣｏを始めたわけですが、客観的に考えれば、「60歳まで引き出せない」は、老後資金の準備という目的においては、むしろメリットとも言えます。なぜなら、ついつい引き出してしまう、ということは絶対ないわけで、これは、**「確実に60歳以降の資金として確保できる」**という強みとなるからです。

長期間加入すれば、当然、積立額も大きくなり、節税メリットも大きくなります。

私自身、40歳まで加入しなかったことを後悔しつつ、今では、若いうちから（ムリのない掛金額で）コツコツ続けるようにはアドバイスしております。

## iDeCoにしたいのですが、勤務先から、iDeCoには加入できないと言われました…

2017年からほぼ全国民が加入できる制度となっている、と書きましたが、残念ながら、iDeCoに加入できない可能性のある人がいます。

それは、**企業型確定拠出年金を導入している会社の従業員**です。

まず、そもそもの話になりますが、**確定拠出年金制度には、「企業型」と「個人型」の2種類**があります。

今回テーマである**「個人型」（これをｉＤｅＣｏと言う）**は、個人年金の一つで、自らの意思で、任意に加入するものです。それに対して**「企業型」**とは、**企業年金の一つ**で、勤務先が導入すれば、原則、全従業員は加入者となります（※）。

※勤務先が「選択型ＤＣ（従業員が任意に、加入するか否かを決める企業型確定拠出年金）」を導入していれば、任意加入。

そして、この企業型確定拠出年金を導入している会社の従業員が、（企業年金である企業型確定拠出年金に加入した上で）別途、個人的にｉＤｅＣｏに加入できるか否かは、会社の規約によるのです。ですので、会社が「ダメ」と言えば、それは残念ながら、ｉＤｅＣｏには加入できないのです。

なお、ｉＤｅＣｏに加入できる場合であっても、会社員の場合、勤務先の企業年金の有無や種類によって拠出限度額は違ってきます（91ページ参照）。なので、ｉＤｅＣｏ加入の際には、勤務先の企業年金の状況については、あらかじめ、しっかり確認しておきましょう。

ちなみに、企業年金である「企業型」は、確定拠出年金制度導入当初から大いに注目され、（運用責任から逃れられるので、企業にとってメリットは大きいこともあって）すでに多くの企業が導入しています。その結果、加入者数は720万人超（令和元年12月末現在）と、会社員約5人に1人の割合となっており、すでに身近な制度なのです。

それに対し、「個人型（iDeCo）」の加入者数は**150万人弱**（令和元年12月末現在）。

こちらは、制度導入当初は加入者数は伸び悩み、その人数は「企業型」に比べると見劣りはしますが、2017年の制度拡充・金融機関を巻き込んでのPR強化によって、この3年間で、加入者数は一気に3倍程度に増えました。

今後も、ますますの加入者数増加が見込まれ、それに伴い、**さらなる制度改正の可能性も十分考えられます。**

たとえば、2020年税制改正によると、現在は60歳までとなっているiDeCoへの加入期間を、**65歳まで拡大する**とされています。

ただしその場合、国民年金に加入していることが条件で、会社員や公務員（60歳以降も国民年金第2号被保険者として国民年金に加入）であれば問題ないのですが、自営業者（国民年金第1号被保険者）や専業主婦（国民年金第3号被保険者）については、原則60歳までしか国民年金に加入できません。

ですので、このあたり、何かと議論の対象となりそうですね。もっとも、２０２０年税制改正については大綱の段階なので（執筆時点）、その内容は変更される可能性もありますが。

ちなみに、企業型確定拠出年金も、現在は加入期間は60歳までですが、こちらは**70歳まで加入できるようになる**ようです。今後、定年70歳が普通になってくるような時代となれば、企業型の加入者も、ますます増加しそうですね。

他にも、制度改正は毎年のように行われています。

ｉＤｅＣｏを検討している人はもちろんのこと、すでにｉＤｅＣｏに加入中の人も、今後のｉＤｅＣｏの動向については、注意深くアンテナを張っておきたいところです。

お金が増えるキーワード #6

# ソーシャル
# レンディング

## ネットを利用して、誰でも1万円程度から、気軽に「金貸し」ができるらしいですね。しかも、5%~10%もの利息が見込めるとか…。

1万円程度から申込めて、期間は数ヵ月~と短期間。そんなにお手軽なのに、なんと**5%~10%ものリターンが見込める**魅力的な投資、それがソーシャルレンディングです。

なんだかウソのような怪しい投資話ですが、ホントウです。実際、私自身、総額200万円程度をこのソーシャルレンディングで運用しています。

国内の不動産事業者や太陽光発電事業者、はてまた海外の金融事業者等、様々な事業者にお金を貸して、収益(利息)をいただいております。まだ新しいしくみのため、ソーシャルレンディングを始めて3年程度ですが、今のところ損失はなく、しっかりと平均5%程度のリターンを得ております。

## ソーシャルレンディング

そんなソーシャルレンディングとは、**「ソーシャルレンディング事業者（詳しくは後述）が、ネットを通じて不特定多数の人達からお金を集め、それを、資金を必要とする事業者等に貸付けるしくみ」**です。ネットの普及・金融規制の緩和とともに、今、急速に広がりつつあるしくみです。

このしくみによって、「お金の借り手」側にとっては、資金調達の選択肢が広がりました。

そして、「お金の貸し手」側にとっては、超低金利が続く中、資産運用の選択肢が広がりました。

実際、ソーシャルレンディングと言えば、知る人ぞ知る、**次世代型投資**（↑このキャッチフレーズが怪しいとの指摘もありますが）とも言われています。普段から、「何か魅力的な投資はないかな？」と探している人であれば、どこかで一度は目にしたことのある投資法でしょう（でも、実際にやっている人はまだ少数）。

## この超低金利の時代に、なぜ、そんな高いリターンが見込めるの（ちょっと、おかしくないかい）？

ソーシャルレンディングでは、なぜ、5％～10％もの高いリターンが見込めるのか？

それは、**それだけ高い金利でお金を貸すから**、に他なりません。すなわち、**それだけ高い金利でお金を借りる事業者がいるから**で、、、となると、**なぜ、そんな高い金利で借りるのか**、と疑問に思うのが自然ですね。

まともな事業者なら、銀行から借りればいいのでは（今なら、相当低い金利で借りられるはず）？

でも、銀行から借りずに、そんな高い金利で借りるなんて、絶対に何かあるよね（大丈夫なのか）？

ソーシャルレンディングのしくみについて、ちょっと突っ込んで考えてみれば、誰しも思うことですが、、いえいえ、銀行から融資を受けないからと言って、即、ヤバい事業者というわけではありません。以下のような場合、財務状態や業績に問題のない優良企業でも、銀行融資は受けにくいものなのです。

・創業間もないベンチャー企業は、実績がないので、銀行融資を受けにくい
・自然エネルギー関連事業や遊興関連事業などは、銀行融資を受けにくい
・借入金額が少額、借入期間が短いなど、融資条件が合わないと、銀行融資は受けにくい

他にも、銀行融資以外に、資金調達の手段を確保しておきたい、、などの理由から、(多少金利が高くても)ソーシャルレンディングを利用する事業者もおります。そういった事業者にとっても、ソーシャルレンディングは、貴重な資金調達手段の一つなのです。

そう、投資手法としてのソーシャルレンディングが成り立つのも、そんな、きちん

とした理由（多種多様な資金調達ニーズ）があるからなのです。

しかし残念ながら、ソーシャルレンディングを利用して資金を借りるも、どうしても資金繰りがつかずに返済できないケース、いわゆる貸し倒れもゼロではありません。貸す側にしてみれば、どれだけ高金利で貸し付けることができても、返済が滞っては意味がありませんよね。なので、そこは貸付先の「目利き」が重要となってきます。そして、その**「目利き」をするのが、ソーシャルレンディング業者**なのです。

## ソーシャルレンディング業者って、ナニモノ？あまり、というか、ほとんど聞いたことないんだけど…。

ソーシャルレンディング業者は、現在、主要なもので20社程度と言われています。

ソーシャルレンディングに投資するには、このソーシャルレンディング業者に口座を開設して、そこで取り扱っている案件に申し込むことになります。

ただ、業者によって、取り扱う案件の種類・内容・数量等は、実に様々。すなわち、**貸付先の選定（目利き）、そして、その貸付条件（金利水準・担保の有無等）の設定・交渉は、その業者にかかっている**のです。また、延滞等が発生した際の対応も、業者によってマチマチ。なので、**ソーシャルレンディング投資においては、業者選びこそ、一番のポイント**と言えるのです。

ちなみに、ソーシャルレンディングではこれまで、貸付先の情報はブラックボックスだったのですが、今では、情報開示が可能となりました。なので、業者によっては、貸付先の情報詳細を開示しているところもあります。とは言え、正直言って、その情報（貸付先事業者の名称・事業内容・担保物件の詳細等）から、信用リスクを判断するのは至難の業。結局は、**「業者を信じるしかない」**と言えるでしょう。

その意味でも、業者選びは、とても大切なのです。

最近では、投資雑誌やネット等にて、ソーシャルレンディング業者の情報は充実してきています。

ソーシャルレンディングに興味を持たれたなら、ぜひ、調べてみてください。そして、自身の目的・好みに合った業者を選んでください。本書では、私の**個人的ランキングベスト3（2020年2月現在）**を発表させていただきます（少しでも参考になれば）。

## 第1位「SBIソーシャルレンディング」

栄えある第1位は、SBIソーシャルレンディング。

大手金融事業者であるSBIグループが運営している業者で、実績・信頼・規模・知名度ともに文句なし。

SBI証券や住信SBIネット銀行など、投資に興味ある方にとっては、このSBIの看板はお馴染みですよね。現在は主に、不動産事業者や太陽光発電事業者等に貸付ける案件を取り扱っています。

案件は大きく分けて、「常時」募集案件（利回り3％～5％）と「随時」募集案件（利回り3％～10％）がありますが、やはり人気があるのは、担保がしっかりしていて利回りの高い「随時」募集案件。募集開始日時が告知されると、それはもう、**争奪戦**となります。

そんなことを知らなかった頃、軽い気持ちで「おお、けっこう利回り高いな、申し込んでみるか」と、某日10時から募集開始だった案件を11時頃に確認するも、すでに満額達成につき、申し込めず。

これは見通しが甘かったな、と反省しきり。

その次の随時募集には、10時ちょうど、パソコン前にスタンバイをして、ログインを…できません！

それくらい、**募集開始と同時にアクセスが殺到**して、回線がつながりにくくなっているのです。結果、10分程度で満額達成となり、申し込めず。

その次は、早々にログインを済ませ、10時と同時に申込をクリック…すると、**「ただいま大変混み合っています。しばらく経ってから再度お試しください」**との無情な指示が。そしてバカ正直に、「しばらく経ってから」再度試すと、すでに満額達成、申し込めず。

なので次回、その指示を無視して、何度も申込をクリック…すると画面がフリーズ。

そしてパソコン再起動に時間を取られているうちに満額達成、申し込めず。**これにはもう、どうしろと言うのだ、**と途方に暮れるしかありません。

ただ、それだけアクセス殺到する（皆が欲しがる）ということは、それだけ魅力的な案件であることの証拠。

そもそも、そんな魅力的な案件が、お手軽にサクッと申し込める方が怪しいよね、と自身を奮い立たせ、懲りずに何度もトライしました。そして、諦めずに申込み続けることで、ちょくちょく申込みが通って、今では、「ＳＢＩＳＬ不動産担保ローン事業者ファンド（利回り６％）」「ＳＢＩＳＬ不動産ディベロッパーズファンド（利回り８％）」など、魅力的な商品を保有しております。

もっとも、栄えある第１位のＳＢＩソーシャルレンディングと言えども、これまでの案件の中には、貸付先の返済不能により、元本割れも発生しているようです（私が投資した案件は、すべて順調に推移）。

ただ、その割合はごくごくわずかで、損失額も数％程度。そもそも、５％程度のリターンを得ながら、リスクゼロなどありえません。なのでむしろ、その対応の迅速さによって、より評価が上がったとの声もあるくらいです。

**第2位「オーナーズブック」**

惜しくも第2位は、オーナーズブック。**不動産案件に特化した事業者**で、すべての案件に、しっかりと目利きされた不動産が担保に付いております。

利回りは平均4~5%程度と、ソーシャルレンディングとしては決して高くはないものの、その分、いずれも手堅い案件とも言えるでしょう。貸付先の破綻はゼロではないですが、しっかり担保・保証を取っているので投資家への影響は限定的で、**これまで元本割れ案件はありません。**

なお、運営会社のロードスターキャピタルは、東証マザーズ上場企業。その安心感もあって、いずれの案件も大人気。募集開始となれば、即、満額達成となり、SBIソーシャルレンディング同様、今や、**申し込むのは至難の業**となっております。なので最近では、案件によっては、（先着順の他）**抽選制度も導入**されましたが、私はまだ一度も当選したことはございません。。。

先日も、「中野区戸建素地第1号第2回（東京都中野区上高田に所在する戸建素地を担保とする利回り4・5％の案件）」に応募するも、あえなく落選。ちなみに、この案件は募集金額3000万円に対して、2億円を超える申込金額が集まりました。なんだかもう、当選する気がしません、、、。

それでも、ここまで人気化する前に、先着順で申し込めた案件をいくつか保有しております。

「港区オフィス・商業素地第1号ファンド（利回り5％）」や「渋谷区レジデンス素地第1号ファンド（利回り4・2％）」など、いずれも、担保のしっかりした手堅い案件です。なので、ずっと手放したくないのですが、残念ながら、運用期間は1〜2年程度（ソーシャルレンディングの運用期間は短く、こんなものです）。これらが満期を迎えるまでに、新たな案件の当選を祈らずにはおられません。

**第3位「クラウドクレジット」**

堂々の第3位は、クラウドクレジット。

**海外案件に特化した事業者**で、東欧や南米、アフリカやモンゴルといった新興成長国の個人・小規模ビジネスを対象に貸付けを行っています。

現在(執筆時)募集中の案件だと、「ブルガリア中小企業向けローンファンド13号ユーロ建て(利回り7・5%)」や「メキシコ女性起業家支援ファンド16号メキシコペソ建て(利回り8・4%)」、さらには「モンゴル金融事業者支援ファンド9号モンゴルトゥグルグ建て(利回り9・4%)」など、案件名を一目見るだけで、**「ハイリスクだなと感じずにはおられません(実際、ハイリスクです)。**そして、案件の多くは外貨建て(マイナー通貨も多い)でもあり、元本割れの可能性も十分に意識しなければいけません。

その分、ハイリターンが期待でき、**利回り10%を超える案件**も珍しくありません。アグレッシブな投資を好む人は、うってつけの事業者と言えるでしょう。

なお、SBIソーシャルレンディングやオーナーズブックと違って、競争率はさほど高くはありません。

常に10以上の案件が募集中なので、投資枠には余裕があって、基本、好きな時に申し込むことができるのも嬉しいところです。

そして、これまでの取扱い案件の運用実績は、しっかりホームページに記載されています。それによると、**償還済みファンド数297本に対して、元本割れ件数は40本**（執筆時点）。

これをどう判断するかは、その人次第ですが、お客様全体の損益統計によると、マイナス10％以上の損失を抱えている人はほとんどいません。

ちなみに私は、「東欧金融事業者支援ファンド（利回り6〜7％程度）」シリーズをメインに投資しております。このファンドシリーズは償還実績があり、また、為替ヘッジ付タイプで実質円建てを選択しているので、クラウドクレジットの取扱案件としては、かなり手堅い案件との判断です。

とは言え、貸付先は「ポーランド、チェコ、ジョージア等で個人向け短期ローンの貸付を行う事業グループ」とのことで、これは信用判断のしようがありません。。。業績は順調・貸出総額は増加・貸倒損失は低水準とのことですが、これは、クラウドクレジットの「目利き」を信じるしかありません。

正直言って、不安は決して小さくはありませんが、今のところ、元本割れはなく、予定利回りをしっかり稼がせていただいております(すでにいくつかは、無事、償還)。

ちなみに、クラウドクレジットには、第一生命グループや三菱UFJグループ、伊藤忠商事などが資本参加しており、これは大きな安心材料と言えるでしょう。


参考までに、**数年前であれば、栄えある第1位は、間違いなく「maneo」**でした。

日本におけるソーシャルレンディングの草分け的存在で、その実績は他の追随を許さず、延滞等の事故もほぼゼロで、信頼性も抜群でした。しかし、2018年あたりから、取扱案件に延滞等の事故が目立つようにより、経営上の問題もいろいろと噴出し、現在、新規募集停止中との状態なのです(なので、ランキング圏外)。

もっとも、今後の動向次第では、**かつての輝きを取り戻す可能性もある**ので、一応は、頭には留めておきたい事業者として挙げておきます。

実際、私もかつてはmaneoで、多くの案件に投資しておりました。

実績と信頼は言うに及ばす、魅力的な案件も豊富。画面も見やすく使いやすく、個人的な感覚としても、大のお気に入りでした。私のソーシャルレンディングにおける、ベストパートナーとして歩んで行こうと思っておりました、、が、様々な問題が噴出してからは、自分でもビックリするくらい、速攻で、ドライに資金を引き揚げるのでした。まだまだ新しい投資であるソーシャルレンディングゆえ、どうやら、かなりリスクには敏感になっていたみたいです。


**なるほど、面白そうだし、ちょっとやってみようかな？**

**何か一言、アドバイスいただけますか？**


ソーシャルレンディング投資の大原則は、**少額・分散投資。**

魅力的な投資法とは言え、まだまだ歴史の浅い投資法でもあるので、**何があるか分かりません。**なので、リスク分散は必須です。

実際、私自身も、**一銘柄につき3～5万円程度、多くても10万円程度**にしております。

なので、投資総額は２００万円程度とはいえ、それなりの保有銘柄数となります。

しかも運用期間は1年程度のものが多く、頻繁に満期を迎えるので、すぐに新たな銘柄を選ばねばなりません。

しばしば、「ソーシャルレンディングは、知識も手間もいらない」と言われることがありますが、それはウソ。

たしかに、ソーシャルレンディング業者を信頼するなら、専門知識は必要ないかもしれません。しかし、**その業者を選ぶための情報収集や、魅力的な案件に申し込むためのマメな手続き**（前述の通り、魅力的な案件は人気ゆえに申込困難）といった手間暇は、絶対に必要なのです。

なお、銘柄だけでなく、業者も分散することをお勧めします。

ソーシャルレンディング投資の窓口を1社だけに集中させると、万一、その業者自体に何かあった場合に大変です。業者ごとの管理（パスワード・操作方法等）は大変ですが、できるだけ多くの業者と取引したいもの。実際、私自身も、10社程度に口座開設しております。

さて、ソーシャルレンディングは、一旦申し込めば、**あとはひたすら満期まで待つ**

**のみ。**

そう、ソーシャルレンディング投資の大きな特徴として、**値動きがない**ことが挙げられます。つまり、値動きに一喜一憂する必要がなく、株式や投資信託等の値動きに疲れた投資家が、行きつく投資先の一つとも言われているとか。

ただ、それはすなわち、中途売却ができないということで、いざというときに換金できないと言うこと。

なので、まとまった資金を集中させてしまうのはマズく、その意味でも、やはり分散投資は必須と言えるでしょう。

## ところで、巷で話題の「クラウドファンディング」とはどう違うの？

クラウドファンディングとは、**「ネットを通じて不特定多数の人達からお金を集め、それを様々な形で、資金を必要とする事業者・団体・個人等のために活かすしくみ」**…

## ソーシャルレンディング

そうです、ソーシャルレンディングの説明とほぼ同じですね。

実は、**ソーシャルレンディングとは、クラウドファンディングの一つ**なのです。

クラウドファンディングは大きく分けて、**「寄付型」「購入型」「投資型」**の3タイプあります。

このうち、お金の出し手に金銭的リターンがあるのは「投資型」で、この「投資型」はさらに、**「貸付型」「ファンド型」「株式型」の3タイプ**に分けられます（126Pの図参照）。そして**「投資型クラウドファンディングの貸付型」のことを、世間では、ソーシャルレンディングと言う**のです。

ただ、世間では、クラウドファンディングの中で知名度が高いのは、「購入型」ではないでしょうか。

実際、件数ベースでは一番多く、ニュース等でもよく取り上げられるのも、この「購入型」です。たとえば、有名アニメ映画「この世界の片隅に」も、このクラウドファンディング「購入型」で制作されました。そんな知名度からも、クラウドファンディ

ソーシャルレンディング

【クラウドファンディングの分類】

| 寄付型 | 購入型 | 投資型 | | |
|---|---|---|---|---|
| | | 貸付型 | ファンド型 | 株式型 |
| 特定の<br>団体等に<br>寄付を行う | 特定の<br>プロジェクト<br>に出資する | 特定の事業者<br>等に資金を<br>貸し付ける<br>↓<br>あらかじめ<br>利回りが設定<br>されており、<br>満期になれば<br>元金は戻ってくる | 特定の事業に<br>出資をする<br>↓<br>売上等の実績<br>によって、<br>リターン<br>(分配金額)は<br>変動する | 未公開企業の<br>株式を<br>購入する<br>↓<br>上場や買収時<br>には、大きな<br>リターンが<br>期待できる |

ングと言えば、「お金を集めて、映画を作るヤツね」「お金を集めて、新商品を開発するヤツね」と思っている人も多いのでは。

購入型クラウドファンディンの事業者としては、READYFORやCAMPFIRE、Makuake（2019年に新規上場）などが有名です。

なお、購入型には金銭的リターンはなく、お礼メッセージやオリジナル商品などが受け取れます。なので、お金目的ではなく、純粋に「応援したいから」「ファンだから」との立場で出資することになります。

ちなみに、本書のテーマ「お金が増える」との視点からは、突っ込みたいのは、やはり、金銭的リターンが得られる「投資型」でしょう。

なので、「貸付型（ソーシャルレンディング）」以外の「ファンド型」「株式型」も気になるところですね。

というのは、「貸付型」のリターンは10％程度が限界ですが、「ファンド型」「株式型」では、それを超えるリターンも期待できるからです。ただし、**いずれもリスクが相当大きく、かなり上級者向け**となります。

たとえば「ファンド型」の場合、投資対象となる飲食店や商品の売上次第でリターンは決まるのですが、売上が振るわなければ、大幅な元本割れ（マイナスリターン）も十分にあり得るのです。

実際、かつて私が投資したファンド（とあるスイーツ物販事業）の場合、業者側に致命的なミスがあり、途中から売上がほぼゼロとなってしまいました。

結果、**元本2万円に対して戻ってきたのは221円という、目を疑わんばかりの惨状**を経験しております。

そして「株式型」の場合、投資した未公開企業が上場・買収となれば大きなリターンが期待できるのですが、一定期間内に上場・買収にならなければ、1円も戻ってきません。そして、そうなってしまう可能性は極めて高く、そもそも未公開企業の上場・買収自体がレアケースなのです。

すなわち、有望な未公開企業を見抜く、極めて高度な専門知識・先見性が必要となり、私自身、この「株式型」は未経験でございます。

もし、投資型クラウドファンディングそのものに興味を持たれたら、僭越ながら、拙著『投資2・0～投資型クラウドファンディング入門～』に詳しく説明していますので、そちらを参考にしていただければ幸いです。

お金が増えるキーワード #7

# 友の会積立

## 百貨店には、確実に8％超の利回りが確保できる商品があるとか…？

はい、一般には「友の会積立」と呼ばれる、**百貨店（デパート）独自のサービス**のことです。

友の会積立では、**毎月一定金額を積立てて、1年後（12ヵ月後）に、毎月積立額×13ヵ月分の満期金を、商品券や買物カードとして受け取れる**しくみとなっています。

つまり、積立総額（12ヵ月分）に加えて、**1ヵ月分の積立額が上乗せ（サービス）**されるのです。

たとえば、毎月1万円を積立てれば、1年後には、13万円分（元金12万円＋上乗せ1万円）の商品券や買物カードを受け取ることができます。この場合、元金である積立総額12万円に対して、1万円の収益ですから、**約8・3％**（1万円÷12万円＝0・8333…）もの利回りとなるわけですね。

## 友の会積立

いや、厳密に言うと、この8・3%という数字は、「元金12万円を一括して出した(1年間運用した)」場合の数字です。

実際には「積立」なので、最初の1万円は1年間運用されますが、最後の1万円の運用期間はたった1ヵ月ですよね。なので、これを均して計算すると(計算の詳細は割愛)、正確な利回りはなんと15%超にもなるのです。

しかも、その**収益(1ヵ月分の積立額相当)には、税金はかかりません。**

通常、利子・配当・値上がり益といった運用収益には、その収益に対して20・315%もの税金がかかります。

なので、1万円の収益であれば、通常は約2000円が差し引かれるところ、友の会積立では、1万円丸々手にすることができるのです。

そのような運用益非課税制度としては、本書でも取り上げているNISAやiDeCoが有名ですが、実は、この友の会積立も**隠れた(?)運用益非課税制度**なのです。約8・3%(正確には15%超)もの高利回りに目を奪われがちですが、この収益非課税も、見逃せないメリットと言えるでしょう。

## それはスゴイです、ぜひともやってみたいのですが、、、どうすればいいのですか?

手続きは超簡単、**百貨店に行って、直接申し込むだけ**です。

三越、伊勢丹、松坂屋、髙島屋、東急百貨店、阪急百貨店、阪神百貨店など、、、ほとんどの有名百貨店(デパート)には「友の会」があるので、その窓口(友の会カウンター)に行けば、そこはさすが百貨店、懇切丁寧に説明してくれるはず。

と言っても、申込用紙に必要事項(住所・氏名・積立金額・積立期間(※)など)を記載するだけなので、**何も難しいことはありません。**そして、とくに審査や要件などなく、**誰でも申込むことができます。**つまり、他の投資と違って、**知識・経験・テクニックなどは一切不要**なのです。

※基本的には1年間だが、百貨店によっては6ヵ月満期の取扱いもあり。

*お金が増えるキーワード #7*

## 友の会積立

そしてあとは、毎月積立をしていくだけで（窓口で直接入金ｏｒ口座引落し）、1年後には、それまでの積立額に1ヵ月分の積立額が上乗せされた金額を、確実に手にすることができるのです。そう、申込みさえすれば、あとはただただ、満期を楽しみに待つだけなのです。

よく利用する百貨店があれば、ぜひとも、利用したいサービスと言えるでしょう。

ちなみに私は、高島屋にて友の会積立をやっております。

高島屋は自宅から30分圏内に3店舗もあって、私にとっては身近な百貨店。服や鞄などの高価な商品は滅多に買いませんが、デパ地下・物産展が大好きなので、普段からそちらでよく利用しております。

ここ数年は、毎月５０００円積立コースもしくは1万円積立コースを、満期をズラして2～3本ほど常に契約しており、満期を楽しみにしております。

あと、友の会積立をすると、多くの百貨店では、有料催事イベントの無料招待券やホテル・レストラン等の割引、駐車場サービスなどの**諸々の特典**がついてきます。普段からよく利用する百貨店であれば、これは相当嬉しいサービスではないでしょうか。

ちなみに高島屋、とくに私のよく利用する大阪店では、有名画家の個展や、貴重な美術品の展示会など、文化水準の高い有料催事イベントがちょょくちょく開催されております。文化的教養に乏しい私は、お金を払ってまでは絶対に行かないところですが、友の会特典で無料なら…と、文化的教養を高める一助にもなっているのかな（**友の会積立の副次効果!?**）と思っております。


ここまでをまとめると、驚異的な利回りが確実に得られ、収益は非課税となり、誰でもお手軽に利用できて知識・経験・テクニックは一切不要、さらには諸々の特典が得られる「友の会積立」は、ある意味、**最強のサービス**かもしれませんね。

にもかかわらず、一般的な知名度は、さほど高くはありません（本書にて、初めて知った人も多いのでは？）。


その理由は、**あまり大々的には宣伝されていない**から。

もちろん、百貨店友の会カウンターに行けば、パンフレットや貼り紙等での案内は

## 友の会積立

あるでしょう。しかし、駅ポスターや吊革広告、雑誌やＣＭ等にて、友の会積立の宣伝はほとんど見受けられません。百貨店ＨＰでも、ほとんど触れられておりません。これは、百貨店にしてみれば、友の会積立そのものは「儲かるものではない」からです。友の会積立は、来店を促し、消費を喚起するためのサービスなのでしょう。

逆に、お歳暮・お中元の早期割引、お節料理の予約販売などは、大々的に宣伝されていますよね。これは百貨店にしてみれば、それらは「儲かるもの」だからでしょう。

そうです、これは百貨店に限らず、**店側が積極的に売り込んでくる商品・サービスは、店側が「儲かるもの」であることがほとんど**です。すなわち、我々消費者側としては、さほど美味しくはない（むしろ不利な）商品・サービスであることが少なくありません。

我々にとって、**ホントウに美味しい（店側にとって「儲かるものではない」）商品・サービスは、店側は積極的には売り込んではきません。**密かにヒッソリと、提供されていることがほとんど。そういったものは、我々自身が、自ら探しにいかねばならないわけですね（それが世の中の大原則）。

## 聞けば聞くほど、友の会積立は魅力的過ぎて、話がウマ過ぎて、、、なにか落とし穴があるのでは？

はい、そんな魅力満載の友の会積立にも、注意すべき点はあります。

それは、積み立てた金額（＋上乗せ分）は、**その百貨店でしか使えない**ことです。

毎月１万円積立てて、１年後に受け取れる13万円は現金ではなく、冒頭で書いたように、13万円分の**百貨店商品券や買物カード**となるのです。かつては商品券が多かったようですが、商品券は金券ショップでの換金が問題ともなり、今では、買物カードが主流となりつつあるようです。支払時には会員カードは便利なのですが、利用できるのは会員本人のみで、当然、換金不可となっています。

**元利金は現金では受け取れず、その使い道には制約がある**…この使い勝手の悪さ

*お金が増えるキーワード #7*

## 友の会積立

は、友の会積立を「運用商品（金融商品）」として捉えた場合、致命的な欠陥とも言えます。

普段から、「お中元やお歳暮」「食材、衣料、日用品購入」など、何かと百貨店を利用している人（それなりの金額を日常的に使っている人）であれば、その商品券や買物カードは、現金と同じと捉えてもよいでしょう。なので、使い勝手の悪さはあまり関係ありません。そんな人には、友の会積立については、強く強くおススメしたいところです、いや、**友の会積立を利用しない理由はない**、と言ってもよいくらいです。

しかし、ほとんど利用しない人には、この元利金の使い勝手の悪さには要注意です。驚異的な利回りに目を奪われ、「とりあえずやってみよう」と、とくに目的もなく申込むと、高額な満期金を手にしたとき、気が大きくなって、「どうせ、この百貨店でしか使えないんだし…」と、無駄遣いにつながるわけです（百貨店ですから、いくらでも魅力的な品物はあります）。

ですので、普段、百貨店をほとんど利用しない人が、友の会積立をする場合には、**満期金の使い道を、あらかじめ決めておくことが大切**です、というか、友の会積立における鉄則とも言えるでしょう。

もちろん、私自身も、満期金の使い道は、あらかじめしっかり決めております。デパ地下や物産展で豪遊することも密かな楽しみではありますが（↑といっても、せいぜい月に数回、数千円程度を使えば充分満足なので）、それとは別に、満期が近づいてきたタイミングで、満期金の使い道をしっかり考えております。

ちなみに最近では、ちょっといい鞄、ちょっといい靴の購入費用に充てました。

このように、基本的には、普段はなかなか買わない（買えない）ような、ちょっといいモノを、意識して買っております。

仕事柄、投資・資産運用関連の相談やセミナーが多く、それなりの見栄えでないと説得力に欠けるところもありますし、それなりにいいモノを身に着けているという精神的余裕は、大いに仕事に活きております。なので、ちょっといいモノを買うこと自体は、決して贅沢とは思っていないのですが、、、私の場合、どうしても、高価な買い物にはストレス（罪悪感と言うか、失敗したら勿体ないとのプレッシャーと言うか）を感じてしまう性質です。その意味では、踏ん切りをつけるためのツールとして、友の会積立は一役買っております。

お金が増えるキーワード #8

# FX

## 外国為替証拠金取引

## 3万円投資すれば、毎日100円〜150円受け取れる、最強の外貨商品があるそうですが、、、

あります、それは**FX（外国為替証拠金取引）**という商品です。

たとえば、このFXを利用して、南アフリカの通貨であるランドを10万ランド分買えば、毎日100円〜150円（※）の金利を受け取ることができます。

※FX取引業者や円・ランドの金利状況により変動する。

そして、FXで10万ランドを取引するのに必要な資金は、3万円程度。

つまり、**3万円の元手で、毎日100〜150円、すなわち年間3〜5万円もの利益を手にすることができる**わけで、これは100％を超える驚異的な利回りとなります。

このあまりにも凄まじい、破壊力のある、インパクトのある数字に、FXを利用した詐欺話は後を絶ちません。

そして、マネー誌やマネーサイト等での、ちょっとあやしめの「お金を増やす」企

画にて、たいてい絡んでくるのが、このＦＸです。なので世間では、ＦＸについては**「何だか儲かりそう」**と思われていると同時に、**「あやしい」**とのイメージも少なくないわけです。

**まさにそうなんです、「あやしい（避けたい）」と「儲かりそう（やってみたい）」が混在しています。実際のところ、どうなんですか？**

まず言えるのは、ＦＸというしくみ（商品）そのものは、**決してあやしいものではないということ。**もしあやしいとすれば、それは、ＦＸの凄さを騙って（利用して）、自分の都合の良い方に話を持っていこうとする人が、あやしいのです（実際、そんな人はたくさんいます）。

ＦＸそのものは、あやしいどころか、**外貨投資としては、最強のしくみ（商品）**とも言えるものです。

それでは、そんなＦＸについて説明していきましょう。

ＦＸとは、外国為替証拠金取引とも言い、**証拠金を差し入れることで、その何倍もの金額の外貨を取引できる**しくみの商品です。

たとえば、現在、１米ドルは１１０円程度です。

なので、１万米ドル取引したければ、通常は、日本円にして約１１０万円必要となります（１１０円×１万米ドル）。

ところが、ＦＸで取引する場合には、**取引額の４%の証拠金**を差し入れればよいので、この場合、４・４万円程度あればよいのです（１１０万円×４%）。

そうです、言い方を変えれば、ＦＸではなんと最大で、証拠金額の25倍もの外貨を取引できるのです。

証拠金を１１０万円差し入れたなら、最大で２７５０万円（25万米ドル）もの取引ができるということですね。ＦＸでは、少額の証拠金で、多額の外貨を保有することができるのです。このしくみそのものは、決してあやしいものではありません。

その際、特筆すべきは、外貨を保有することによって得られる金利は、証拠金額に対してではなく、**取引額に対して計算される**ことです。

## FX（外国為替証拠金取引）

たとえば、FXで1万米ドルを保有していれば、1日60円程度もの金利が受け取れるので、これは1年間だと2万円強。証拠金4・4万円に対しては、**利回りはなんと約50％**となります。

そして、これが高金利通貨であれば、利回りは、より凄まじいものとなります。

高金利通貨としてはランドやリラが有名ですが、現在、1ランドは7円強。なので10万ランドでは70万円強ですから、FXでは、3万円そここの証拠金（70万円強×4％）で、10万ランドの取引ができます。そして冒頭でも触れましたが、10万ランド保有すれば、1日100円～150円もの金利（年間3万円～5万円程度）を受け取ることができるのです。

すなわち、証拠金3万円に対しては、**利回りは驚異の100％超え**となるわけですね。

ちなみに、一般には利子・配当金は年1回もしくは2回程度の受け取りですが、FXでの金利は**「毎日」受け取る**ことができます。

保有数量が100万ランド（最低証拠金約30万円）なら1日1000円～

1500円、1000万ランド（最低証拠金約300万円）なら1日1万円〜1・5万円受け取れます。日々、これだけの金額が、何もせずとも、口座残高に着々と積み上がっていくのは嬉しい限りでしょう。

300万円も投資すれば、十分、それだけで食っていけそうですね。

このように、少額の証拠金で、多額の外貨を取引することができて、その取引金額分の金利を受け取れる、、、と、この**資金効率の良さこそが、FX最強と言われる理由の一つ**です。

ですので、FXを上手く利用すれば、それなりに儲けることは可能です。

いや、それなりに儲けるどころか、他の商品ではあり得ない、驚異的な利回りを手にすることで、大儲けすることもできるでしょう。ただ、受け取れる金利はFX取引業者によって異なりますし、円・取引通貨の金利状況によって日々変動するので注意は必要ですが。

そして、**FXにおいて、何より気を付けないといけないのが、為替リスク**です。

FXの場合、この為替リスクによって、他の商品ではあり得ない大儲けもあれば、他の商品ではあり得ない**想定外の大損の可能性**もあるのです。

## FXの為替リスクって、どういうことですか？

為替リスクとは、**為替相場の変動（円高・円安）によって、儲かったり損をしたりすること**です。

たとえば、1米ドル110円のときに米ドル外貨預金に預けて、満期時に1米ドル111円（1円円安）になっていれば、1米ドルあたり1円の儲けとなります。一方、満期時に109円（1円円高）になっていれば、1円の損失です。

外貨に投資する際には、この為替リスク（為替変動による損益）は、必ず気を付けなくてはいけません。

そして、FXも外貨商品の一つである以上、この為替リスクは避けられません、、、

それどころか、FXでは、この**為替リスクが増幅される**ことになります。

なぜなら、FXでの投資額（証拠金額）は「見せ金」であって、実際には、（一般には、証拠金額の何倍もの）取引額の分だけ、為替リスクを負っているからです。そして当然、為替変動の影響は、その取引額の大きさに比例します。

たとえば、証拠金5万円でも、取引額が1万米ドルであれば、1円円安になれば1万円の利益となります。

これは、元金である証拠金5万円に対して20％もの利益ですね。為替が大きく動くときには、数日で5円程の円安となることも珍しくはありません。その場合、**数日で元金は2倍になる**わけです。このように、FXでの資金効率の良さ（証拠金の何倍もの外貨を取引できる）は、受け取る金利だけでなく、為替変動においても威力を発揮するのです。

そして、その威力は、**円高のときには痛恨のダメージ**となります。

先ほどの例（証拠金5万円で1万米ドルの取引）だと、1円円高となれば1万円の損失となり、これは証拠金5万円に対して20％もの損失となります。もし、一気に5円円高となれば、証拠金は吹っ飛んでしまいます。

実際には、FXでは、損失が広がって証拠金が毀損した場合、証拠金割合が一定率以下になれば、強制的に決済（ロスカット）となります。ですので、証拠金がゼロとなる可能性は低いですが、大損することには変わりありません。

つまり、FXにおける**資金効率の良さは、為替リスクにおいては、諸刃の剣**でもあるのです。

FXにおいては、取引額の4％の証拠金があればOK（＝証拠金額の25倍の取引ができる）と書きましたが、その最低ラインの4％だと、ちょっと円高に振れただけで強制決済となってしまいます。ですので、最低4％あれば取引できるとは言え、実際にはそれ以上の証拠金を差し入れておきたいところと言われています。

もっとも、為替リスクそのものは、決して悪いとは限りません。

そもそも、リスクとは「損すること」ではなく、**価格変動のブレ（不確実性）**のことを言います。なので、円高によって損すること、円安によって儲けること、それらを合わせてリスクと言うのです。

**リスクが大きいとは、そのブレ幅が大きい**ことなのです。

ですので、ハイリスクを好む人もいるでしょうし、ローリスクを望む人もいることでしょう。そしてＦＸの場合には、**証拠金の割合によって、このリスクをある程度コントロールすることができる**わけです。

ハイリスクを好む人は、証拠金額を少なくして、取引額を多めにすれば、リスクを高めることができます。

ローリスクを望む人は、取引額を少なくして、証拠金額を多めに差しれれば、リスクを低めることができます。取引額と証拠金額を同額にすれば、リスクは、一般の外貨商品と変わりません。

つまり、**資金効率を高めるほど（証拠金額を少なくして取引額を多めにする）、リスクは高くなる**わけですね。そして、この「資金効率の良さ」はＦＸの大きな武器ですが、それは諸刃の剣ゆえ、その取扱いには、十分な理解、納得が必要です。本書での説明が、その一助となれば幸いです。

## なるほど、資金効率の良さは魅力ですが、ちょっと躊躇してしまいますね。。。

あと、この「資金効率の良さ」以外に、FX最強説を支える特徴として、**「金利水準の高さ」**があります。

というのは、FXでは、外貨預金等の他の外貨商品と比べて、その金利水準は若干高めになっていることが多いからです。

たとえば、米ドル建て外貨預金（1年物）であれば、現在、その金利は1％台がほとんどです。

FXでは、前述のように、1万米ドル保有で1日60円程度（年間で2万円強）の金利が受け取れますが、これは、取引額と同額の証拠金（約110万円）を差し入れたとすると、2％程度の金利水準となります。証拠金額を少なめにすれば、この金利水準は跳ね上がりますが（※）、そんなFXの証拠金制度（資金効率の良さ）を活かさなくても、その金利水準はもともと、十分に高いのです。

※仮に取引額の半分（約55万円）にすれば、金利は2倍（4％）となる。

あと、ＦＸでは、**「為替手数料も激安」**となっています。

為替手数料は、金融機関・商品・通貨・取引数量等によってマチマチですが、外貨預金（銀行店頭）で高いところだと、１米ドルあたり50銭〜1円程度が一般的です。最近では、外貨預金の為替手数料は引き下げ傾向にあって、ネット銀行等では10銭以下も見受けられますが一方で、外貨建て個人年金保険・外貨建て終身保険などは、まだまだ50銭〜１円程度と高止まり傾向にあるので要注意です。

そんな中、ＦＸでは、為替手数料はなんと０・２銭程度（※）と、まさに**桁違いの安さ**を誇るのです。

※正確には、売値と買値との差額（スプレッドといって実質的な為替手数料）の金額で、業者によって差がある。

さらに言うなら、ＦＸは、ネットでいつでも取引できて、その多彩な注文方法（指値、成行、逆指値、イフダン注文、トレール注文等）は、他の外貨商品の追随を許しません。使いこなせる人にとっては、そういった**利便性**も、大きな武器でしょう。

すなわち、**「資金効率の良さ」「金利水準の高さ」「為替手数料の安さ」「利便性」**といった要素において、ＦＸを知れば知るほど、外貨投資をやるなら、**ＦＸをやらない**

理由はないわけです。

**それならぜひ、FXをやってみたいです！でも、どうしたらいいのですか？**

まずは、FX業者に口座を開くところからです。
FX専門業者以外にも、証券会社や銀行でもFX業務を取り扱っているところも多いので、もし、使い慣れている証券会社や銀行がFX業務を取り扱っていれば、まずはそちらでの取引を検討したいところですね。
FX業者に口座を開いたなら、あとは、通貨（※1）、取引数量、売り買いの別（※2）を選んで、注文するだけです。

※1　FXでは、米ドル/ユーロ、豪ドル/ポンドなど、円以外の通貨の組み合わせも可能（上級者向けなので割愛）。
※2　FXでは、外貨を「買う」以外にも「売る」こともできて、この場合、円高になると儲かる（こちらも上級者向けなので割愛）。

もちろん、どの通貨をどれくらい、どのタイミングで買う（売る）と儲かるのか、など、誰にも分かりません。ですので、具体的な運用アドバイスはできませんが、ＦＸ投資における普遍的なアドバイスとしては、**投資スタンスをハッキリさせる**ことです。

なぜなら取引する際、投資スタンスがあやふやだと、その後の為替変動に振り回され、どうしてよいか分からず、悶々とすることになるからです。

ＦＸでの投資スタンスは大きく分けて２つ、**短期トレード（短期での為替変動狙い）と長期保有（長期での金利狙い）**があります。

まず、短期トレードとは、**為替変動による値動きで、短期間での儲けを狙う取引**のことです。

一般には、大きな資金で（資金が大きければ、少しの値動きでも十分な収益を得られる）、短期間で何度も売買を繰り返すわけですから、**ＦＸの「資金効率の良さ」「手数料の安さ」は大きな武器**となります。

ですので、これまでは株式の短期売買をしていたが、ＦＸを知ってからは、短期売買の主戦場をＦＸに移している投資家も少なくありません。

とは言え、株式でもＦＸ（為替）でも、**短期の動きを読むことなど、至難の業。**

当然ながら、何となくで、勝ち続けている短期トレーダーなどいません。

安定した収益を上げ続けている短期トレーダーの多くは、「一定ルール（↑相当なトライアンドエラーで構築）を定めて、機械的に淡々と売買をこなしている」「わずかな値動きに反応して、経験に培われた反射神経・センス（一種の嗅覚のようなもの）で売買している」ケースがほとんどだと言われています。

すなわち、これは大げさかもしれませんが、天才プログラマーやｅスポーツ選手的な才能が必要なのかな、と、個人的には思っております。ですので、短期トレードで儲け続けることは高きハードルですが、ギャンブル感覚で楽しむのであれば、まぁ、「アリ」かな、と思っております。

そして、長期保有とは、**金利を受け取り続けることを目的に、長期間（半永久的に）保有し続ける**ことです。

**金利水準が高いＦＸは、金利目的の長期保有にも向いている**のです。

私自身、ＦＸを始めた当初は、この金利目的でありつつも、短期トレードにも憧れつつで、結局、どっちつかずの中途半場なスタンスでした。

ですので、ＦＸで外貨を買ったはいいが、為替が大きく動いたとき、どうしてよいか分からず悶々としておりました。一般には、短期トレードだと（あらかじめ定めたルールに従って）サクッと決済、長期保有だとじっくり保有（もしくは買い増し）と、やるべきことが明確なので、悶々と迷うことはないのですが。。。

そんな悶々とする中、ＦＸを続けるうちに、為替変動による含み益・含み損がイチイチ気になって仕方ないことに煩わしさと感じるようになり、さらには、短期トレードのセンスの欠片もないことに気が付き始めたのです。

そこでようやく、私には短期トレードには向いていないと見切りをつけて（実際、運用成績も若干のマイナスでした）、長期保有に絞ったのでした。

長期保有では、いったん保有すれば、基本、ずっと保有し続けます。

ですので、短期トレードのように**手間暇かからず、また、為替変動に一喜一憂することはありません。**短期トレードのような爆発的な収益は難しいですが、どうやら、私には長期保有が性に合っていたようで、今では、完全にこちらのスタンスです。

現在は、ランドだけでなく、高金利通貨を中心に、様々な通貨を長期保有しております。

そして、短期的な為替変動には一喜一憂せず、着実に日々金利を受け取っており、満足した運用成果を得ております（具体的な内容は、後述）。

## 金利狙いの長期保有スタンスの方が、手間いらずで、精神的にも楽そうですね。

そうですね、しかも長期保有スタンスでは、短期トレードと違って、経験の積重ねや、天賦の才能などはいりません。

基本的には、長期保有では、ただただ、愚直に保有し続けるのみです。

もし、気を付けるべきポイントがあるとすれば、それは**「忍耐力」**。

多少、円高が進んで含み損が出ても、怖くなって投げてしまうことなく、耐えることが大切です。

ただ、自ら投げしまわなくても、証拠金が少額だと、少し円高が進むだけでロスカット（147ページ参照）によって強制決済されてしまいます。

そうなると、そこで**ゲームオーバー（長期保有は終了）。**

ですので、証拠金は多めに入れておき、想定外の円高でも、そう簡単にはロスカットにならないようにしておきたいところです。

あとは、**誘惑に耐える**という意味でも、「忍耐力」は必要です。

というのは、取引額が多くなれば、当然、受け取れる金利も多くなるので（しかも、毎日入金されるので、すぐに金利増額が実感できる）、どうしても取引額を増やしたい誘惑にかられるからです。

ＦＸでは、多額の取引額であっても、少額の証拠金で済むので、気が緩むと、ついつい買い増しをしてしまうもの。そして、いつの間にか取引額が膨張して、（知らず知らずのうちに）相当な為替リスクを抱えている状態になってしまいがちなのです。

ですので、取引額の上限は、あらかじめしっかり決めておき、そこはグッと堪えることが大切なのです…と言いながら、私自身、そこは見事に失敗した経験がございます。

あれはリーマンショック前の2006年頃、私は70万ランドを保有しておりました。

当時、1ランド16円程度だったので、取引額はなんと1120万円。

当時、独立したてでお金はなかった(でも野心はあった)私は、ランドの**高金利に目を奪われ、気付けば、この分不相応な金額を保有**していたのです。

取引額を増やすたび、その取引額に比例して増えていく金利はなんと、1日2000円以上(当時は今よりも、ランド金利水準は高かった)。それが毎日入金されるのを、ニヤニヤしながら眺めておりました。ちなみに、差し入れていた証拠金は約200万円と、多少は余裕を持っていたつもりでした。

そんな矢先、リーマンショックで想定外の円高となってあえなくロスカット、その**証拠金のほとんどが吹っ飛んだ**のでした。

そこで初めて、これは相当な為替リスクを負っていたのだな(ランドが1円動けば70万円動く)、と、そして、証拠金は全然余裕ではなかったな(3円動けば吹っ飛ぶ)、と実感したわけです。そんな大ケガを経て得た教訓は、「取引額にはあらかじめ上限を決めておく」、そして「証拠金は十分過ぎるほど入れておく」ことでした。

そうです、FXを騙って騙そうとする業者にも要注意ですが、どちらかと言うと、**FXの凄さに心奪われて（分不相応のリスクを抱えて）儲けようとする、自分の気持ちの方が、要注意**なのです。


私はそれ以来、リーマンショック級の円高にも耐えられるよう、証拠金は十分過ぎるほど差し入れるようにしております。

具体的には、10万ランド（70万円強相当）の取引では、証拠金は3万円程度あれば良いのですが、私は30万円程入れております。

これは、現在1ランド7円強が、4円程度になるまで円高が進んでも大丈夫な水準です。

レバレッジ（取引額÷証拠金額）で言えば、FXでは最大25倍までOKのところ、2倍強まで低めている状態なのです。

究極的には、**レバレッジ1倍、すなわち、取引額と証拠金額を同額**にすることも考えられます。

これなら、ロスカットが発生することは、まず考えられません。つまり、何があっても**半永久的に保有し続ける**ことができ、ずっと金利を受け取ることができるのです(但し、金利状況には注意)。

これは俗に、**レバレッジ1倍法**と言われる手法です。

この場合、FXの魅力である「資金効率の良さ」は失われますが、「金利水準の高さ」「為替手数料の安さ」といった魅力は享受できるので、十分、安全で魅力的な運用法と言えるでしょう。

私は現在、前述のランド以外にも、リラ(トルコ通貨)やペソ(メキシコ通貨)といった高金利通貨はしっかり押さえ、根強い人気を誇る豪ドルやニュージーランドドルなども保有中です。さらには、米ドルやユーロといったメジャー通貨はもちろんのこと、クローネ(ノルウェイ通貨)やズロチ(ポーランド通貨)といったマイナー通貨なども保有中。**FXを利用して、グローバルな投資**をしております。

もちろん、**すべて長期保有スタンス**にて。

そして現在、**証拠金は300万円程度で、毎日1000円程度の金利**を受け取っております。

前述の通り、「証拠金は十分過ぎるほど入れておく」を徹底しているので、レバレッジは2～3倍程度と低く、資金効率はさほど良くないかもしれません。それでも、証拠金ベースでの**利回りはゆうに10％を超える**ので、これは十分な数字かと。

あとは、為替変動には一喜一憂せずに、半永久的に保有するつもりで、むしろ、円高時には（取引額が膨張しないよう気を付けて）果敢に買い増すつもりです。

実際、ランドやリラなどはじわじわ円高傾向にあるので、じわじわ買い増ししている状態です。

一時、瞬間的に大きく円高に振れたことがあってヒヤヒヤしましたが、十分な証拠金を入れていたのでロスカットされることなく、むしろ、その円高時に購入できたので平均購入単価は下がり、そこで若干の収益も発生しています。そして、その間にも、**日々、金利は積み上がっております。**

できることなら、そんなスタンスで一生涯、ＦＸを活用していきたいと思っております。

お金が増えるキーワード #9

# NISA

## 少額投資非課税制度

## NISA口座では、どれだけ儲かっても税金ゼロって、本当ですか?

はい、本当です。

**NISA口座内での取引であれば、値上がり益・配当金(収益分配金)など、どれだけ儲かっても、税金ゼロ**なのです。

本来は、株や投資信託で儲かった場合、原則として、**その儲けに対して20・315%の税金**がかかります。

たとえば10万円で買った株(投資信託)を20万円で売ることができれば、10万円の値上がり益から、20315円の税金が引かれるわけです。配当金(収益分配金)についても、仮に10万円支払われた場合、やはり20315円の税金が差し引かれます(※)。

しかし、NISA口座内での取引であれば、どれだけ儲かっても、税金ゼロなのです。

※総合課税を選択した場合には、他の所得金額と合算して、所得控除を差し引いた上で15%~55%の税率(所得税・住

## NISA（少額投資非課税制度）

民税合計）となる。

私自身、先日、NISA口座にて、10万円で買った株式を14万円で売ることができました。

この場合、本来なら、売却益4万円から税金（8126円）が引かれて手取りは13万円強のところ、そっくりそのまま、14万円を手にすることができました。

お金を増やすことにおいて、この差は、決して小さくありません。

ただし、**NISA口座での新規投資額には上限があって、年間120万円まで**となっています。

NISA口座で税金ゼロとなるは、「年間120万円の儲けまで」と勘違いしている人も少なくないのですが、それは違います。

NISA口座で上限となる年間120万円とは、**「儲け」ではなく、「投資額（元本）」**なのです。

すなわち、正確に言えば、**「年間120万円までの投資から発生した」儲け**であれば、どれだけ儲かっても税金ゼロだと言うことです。税金ゼロとなる「儲けの金額そのもの」には、上限はないのです。

極端な例えですが、120万円で買った株が10倍に値上がりして1200万円となれば、1080万円もの儲けに対する税金がゼロとなります。本来であれば（通常の課税口座での取引であれば）、この場合、税金として219万4020円も差し引かれるわけですから、車一台分の差がつくわけですね。

なお、NISA口座で取引できるのは、上場株式等（ETF・ETN・REIT含む）と株式投資信託のみで、預貯金や債券、公社債投資信託等は取引できませんので、ご注意を。

**ということは、投資をするなら、NISA口座でやった方が、絶対にお得ですね！**

たしかに、「儲かった場合」は非課税メリットがある分、NISA口座が絶対にお得です。

しかし、「損した場合」は注意が必要。なぜなら、**NISA口座で発生した損失は、他の儲けとは損益通算（利益と損失との相殺）ができない**からです。

たとえば、A株の売却損が10万円、**NISA口座以外で発生**したとしましょう。

この場合、もし、他にB株の売却益が10万円あれば、A株の売却損10万円は、このB株の売却益から差し引くことができます。ですので、B株の売却益は0円となり、税金はかかりません。

しかし、A株の売却損が**NISA口座で発生**した場合、それはB株の売却益から差し引くことができません。

ですので、この場合、（A株の売却損10万円は切り捨てられて）B株の売却益10万円には、しっかり税金がかかってくるのです。

これは、NISAの**大きなデメリット**と言われています。

なお、NISAでの**非課税期間は5年間**で、5年後には、「通常の課税口座へ移管する」か「翌年の投資枠に引き継ぐ」かを選択することになります。

そして、**課税口座に移管する場合には、「その時点の時価」が新たな取得価格**となります。

仮に、A株を100万円で取得して、非課税期間終了後、課税口座に移された時点での時価が（値下がりしていて）50万円であれば、その取得価格は50万円となります。

その後、課税口座でA株を80万円で売却すれば（実際には20万円の損失にもかかわらず、新たな取得価格50万円と基準として）30万円の収益として課税されることになってしまうのです。なんだか納得いかないですが、それがNISAのルールなのです。

すなわち、**NISA口座で損失が発生すると、すごく不利**だと言うことです。

ですので、「NISA口座で運用するときは、損失を出さないようにしましょう」と、サラッと言う人もいますが、それができれば、運用で苦労しません。現実的には、**「NISA口座で運用するときは、極力、損失が出ないように、手堅い運用を心がけましょう」**ということですね。

一方で、NISA口座では、（年間120万円までの投資からの収益であれば）どれだけ儲かっても税金ゼロなので、収益が大きければ大きいほど、すごく有利です。

ですので、その非課税メリットを最大限享受すべく、**「NISA口座で運用するときは、リスクを取ってでも、大きなリターンを狙いましょう」**というのも、決して間違いではないのです。

## …じゃあ、結局、NISA口座では、どちらの運用法がいいの？

どちらかが「正解」ということはありません。

NISAのメリット（利益は非課税）を意識するなら「大きなリターン狙いの運用」が、デメリット（損失は通算不可）を意識するなら「手堅い運用」が適しているということです。そこを理解した上で、自身のスタンスに合った運用をすれば良いでしょう。

ただ、その**「2択」に縛られる必要はありません。**

もし、メリットデメリットの両方を意識するなら（どちらも気になるのなら）、**両方の運用法を併用すれば良い**わけです。

実際、私はそのようにしております。

すなわち、私はNISA口座では、「大きなリターン狙いの運用」と「手堅い運用」をそれぞれ、意識して使い分けております。

NISA口座での**「大きなリターン狙いの運用」としては、IPO投資**です。

なぜなら、IPO投資では、公募価格で購入して初値で売却することで、大きなリターンを得られる可能性が高いから（IPOの項目参照）。

実際、IPO投資ではかつて、32万円で購入した銘柄が160万円程度で売れて、1発で100万円超の売却益を得たこともあります。そんな美味しい思いをしてきた私は、NISAが導入されるや否や、それまでよくIPO当選を果たしてきたSMBC日興証券にて、NISA口座を開設しました（※）。そして、それからは、**IPOが当選すれば、必ずNISA口座で取引**するようにしております。

※NISA口座は1人1口座のみなので、NISA口座を開設する金融機関を選ぶことになる。

ただ、NISA口座開設後、SMBC日興証券で当選するのは、なぜか地味な銘柄ばかりで、せいぜい数万円の利益。

まぁ、利益が出るだけありがたいのですが、かつて、利益100万円超の銘柄を筆頭に、利益数十万円クラスの銘柄もバンバン当選していたSMBC日興証券なだけに、なんだか悶々としております。

ごくたまにですが、初値売却で数十万円の利益が出る銘柄も当選するのですが、それは、他の証券会社ばかり（ですので、ガッチリ税金は取られます）。これには、**税金を払わせるための見えない力が働いている**としか思えなかったりもするわけですが、腐らずに、これからも「NISA口座でのIPO投資」は続けていくつもりです。

そして、NISA口座での「手堅い運用」としては、**高配当が期待できる、比較的安定した銘柄を、数年スパンで持ち続けております。**みずほフィナンシャルグループやシチズン、諸々のREIT（REITファンド含む）など、配当利回り4～5％が目安。

配当金（収益分配金）は年間10万円程度ですが、毎年確実に見込める収益なので、手堅く、節税効果を得ております。今のところ、なかなか結果の出ない「大きなリターン狙いの運用」よりも、しっかり結果は出しております（株価も堅調で、今のところ、損失は発生しておりません）。

毎年末に、ＩＰＯ投資で使い切れなかった非課税枠を使って、じわじわ、保有銘柄を増やしていっております。

## ところで、最近できた「つみたてＮＩＳＡ」って、普通のＮＩＳＡ（一般ＮＩＳＡと言う）とどう違うの？

ＮＩＳＡは２０１４年から導入されましたが、その後、２０１８年より「つみたてＮＩＳＡ」という制度が新たに導入されて、話題となっています。それによって、それまでの普通のＮＩＳＡのことを、「一般ＮＩＳＡ」と言うようになったので、本書でもこれ以降、つみたてＮＩＳＡと区別して、一般ＮＩＳＡと記載します。

## NISA(少額投資非課税制度)

さて、つみたてＮＩＳＡとは、**少額からの長期・積立・分散投資**を支援するための非課税制度です。

ですので、一般ＮＩＳＡに比べ、年間非課税投資額は**40万円と少額**で、非課税期間は**20年と長期間**となっています。

さらには、株式や投資信託など幅広い商品に投資できる一般ＮＩＳＡと違って、つみたてＮＩＳＡでは、**投資対象は「長期・積立・分散投資に適した一定の投資信託等」に限定**されています。その数は１７０本程度ありますが、ＮＩＳＡ口座を開設する金融機関によって、取り扱っている商品ラインナップ（本数・種類）は異なります。

一般ＮＩＳＡとつみたてＮＩＳＡの違いについては、次ページの図にまとめてみました。

**NISAは1人1口座しか開設することができず**、一般ＮＩＳＡかつみたてＮＩＳＡか、どちらかを選ぶことになります**(両方同時には利用できない)**。一応、1年毎に選び直すことはできますが、つみたてＮＩＳＡの場合、長期間にわたって積

## 【一般NISAと、つみたてNISAとの比較】

| | 一般NISA | つみたてNISA |
|---|---|---|
| 年間非課税投資額(※) | 120万円 | 40万円 |
| 非課税期間 | 5年間 | 20年間 |
| 投資対象 | 個別株式・投資信託・ETF・REIT等 | 長期・積立・分散投資に適した一定の投資信託・ETFに限る |
| 投資方法 | 自由 | 定期的・継続的な積立て |

※非課税投資額の未使用枠は、翌年以降に繰り越すことはできない
※一旦売却した分は、復活することはない

## NISA（少額投資非課税制度）

立てをすることになるので、コロコロ選び直すことは現実的ではないでしょう。

これには、私も相当悩みました。

一般には、年間非課税投資額が小さく期間の長い**つみたてNISAは「じっくりコツコツ資産を作る」**、それに対して、（つみたてNISAに比べて）年間非課税投資額が大きく期間の短い**一般NISAは、「しっかりガツガツ資産を増やす」**に向いていると言われています。

私は自営業ゆえ年金は少なく、今のうちからコツコツ老後資産を作らねば（↑となると、つみたてNISAが候補）、、、と思うも、性格的に「アグレッシブな投資好き」なので、一般NISAを選択しております。なお、老後資産作りは、iDeCo（詳細はiDeCo項目参照）に任せております。

そんな私が言っても説得力に欠けまくるのですが、つみたてNISAはおススメです。

年間非課税投資額は40万円と少額ですが、非課税期間は20年間なので、**最大**

**800万円もの非課税投資枠**となります（一般NISAは120万円×5年間＝600万円）。

そして、投資対象となる商品が「長期・積立・分散投資に適した一定の投資信託等」に絞られていることも、投資初心者（とくに投資経験の浅い若い人）にとってはありがたいところでしょう。実際、**証券会社のつみたてNISAでは、40代までが7割以上**を占めており（一般NISAでは3割程度）、また、**投資未経験者の割合は7割弱**と非常に高くなっています（一般NISAでは4割弱）。

なお、2019年9月時点の口座数としては、一般NISAは約1170万口座、つみたてNISAは約170万口座となっています。口座数としては、圧倒的に一般NISAが多いですね。

ちなみに、私はこれまで何度か、「つみたてNISA」セミナーの講師を担当しております。

もっとも、前述のとおり、私自身はつみたてNISAをやっていないので（一般NISAを選択）、少々、後ろめたさを感じながら。そんな気後れからか、かつて、**「実**

**は、私はつみたてNISAをやっていないですけどね」**と軽いジョークを飛ばし、若干、会場が凍り付いた記憶があります（それ以来、そのジョークは封印）。

そんな会場には、たしかに、若い方や投資初心者っぽい方（↑分かるんかい、との突っ込みがありそうですが、何となく雰囲気で分かったりもするのです）が多かった記憶があります。

## NISAは、ずっと続くのですか？

実は、一般NISAは2023年で終了する予定でした。

ですので、2020年以降に一般NISAを始めた場合、最大非課税枠600万円（年間非課税枠120万円×5年間）は享受できません。たとえば、2020年に一般NISAを始めた場合、2020年、2021年、2022年、2023年の4年間しか新規投資ができず、非課税枠は最大480万円（120万円×4年間）となります。２０２１年以降の開始だと、非課税枠はさらに減ってしまいますね。

しかし嬉しいことに、２０２０年税制改によって、**一般ＮＩＳＡは5年間延長、すなわち2028年までに延長されることになりました。**

ただ、しくみは少々複雑になって、２０２４年以降は、一般ＮＩＳＡの非課税投資枠は、**「1階部分」と「2階部分」**の2階建てになりました。

1階部分の非課税枠は20万円で、選択できる商品は、つみたてＮＩＳＡの対象商品（１７２ページ参照）のみ。

そして2階部分の非課税枠は１０２万円で、選択できる商品は、個別株式・投資信託・ＥＴＦ・ＲＥＩＴ等と、これまでの一般ＮＩＳＡと同様です（但し、一部のハイリスク商品は除外）。つまり、合計で年間１２２万円（5年間で最大６１０万円）の非課税投資枠となるわけですね。

なお、制度改正に伴い、これまでの一般ＮＩＳＡは**新ＮＩＳＡ**と呼ぶことになって

## NISA(少額投資非課税制度)

います(新NISAについても、つみたてNISAとは併用不可(どちらかを選択))。

もっとも、実際の制度運営については不明な部分も多く、今後のNISA関連の報道には留意しておきたいものです。

そして将来的には、**さらなる制度改正も十分考えられます、というか、ほぼ間違いなく改正はある**でしょう。

改正によって、さらに非課税枠は増えて、使い勝手が良くなっていくことを期待したいものですが、同時に、制度は複雑化していく可能性もあります。そして、NISAを使いこなす人と、「分からない」「ややこしい」と情報をシャットアウトしてしまう人とでは、将来、大きな差になることでしょう。ぜひ、今のうちに、NISAには慣れておきたいものですね。

また、2020年税制改正によって、**つみたてNISAも延長**されました。

つみたてNISAについては、もともとは2037年で終了する予定でしたが、こちらも**5年延長され、2042年まで新規投資できるようになりました。**これによって、つみたてNISAについては、2023年までにスタートすれば、20年間の非課税を活用することができるようになりました。

ちなみに、本書では触れていませんが、ジュニアＮＩＳＡ（20歳未満対象・年間非課税投資枠80万円・非課税期間５年）という制度もあるのですが、こちらは利用実績が少なく、延長されることはなく、当初予定通りに２０２３年で終了することになっています。

なお、執筆時点では、２０２０年税制改正については大綱の段階なので、その内容は変更される可能性もあるので、ご注意下さいませ。

お金が増えるキーワード #10

# 財形貯蓄制度

## 財形貯蓄制度を使えば、知らないうちに、勝手にお金が貯まっていくみたいですね！

はい、財形貯蓄制度を利用して、お金が貯まらなかったという人は、私は見たことがありません。

財形貯蓄制度を使えば、確実にお金が貯まると、断言できます。

そんな財形貯蓄制度とは、勤労者財産形成貯蓄制度のことです。**勤労者（事業主に雇用される者）が、その勤務先を通じて、給料やボーナスから天引きで行う積立貯蓄のこと**です。ですので、会社員や公務員、勤務先が認めれば契約社員・パートも利用することができますが、自営業者や専業主婦、無職の方等は利用できません。

ただし、会社員や公務員であっても、勤務先がこの制度を導入していなければ利用できないので要注意です。

## 財形貯蓄制度

財形貯蓄制度は、その目的に応じて、**「一般財形貯蓄」「財形住宅貯蓄」「財形年金貯蓄」**の3種類あります。

**一般財形貯蓄の目的は自由、積み立てたお金は、何に使ってもかまいません。**年齢要件も積立額上限もなく、1人で複数の契約をすることができますが、とくに税制上の特典はありません。

**財形住宅貯蓄の目的は、マイホームの取得・リフォームのため。**契約時の年齢は満55歳未満で、積立額は上限550万円(財形年金貯蓄と合わせて)となっており、1人1契約に限ります。なお、**利息は非課税との特典**がありますが、目的外払出の場合には税金はかかってきます。

**財形年金貯蓄の目的は、将来の年金受取のため。**財形住宅貯蓄と同様に、契約時の年齢は満55歳未満で、積立額は上限550万円(財

**【財形貯蓄制度の種類】**

| | 一般財形貯蓄 | 財形住宅貯蓄 | 財形年金貯蓄 |
|---|---|---|---|
| 目的 | 自由 | マイホーム取得・リフォーム | 将来の年金(※1) |
| 年齢要件 | なし | 満55歳未満(契約時) | |
| 積立額上限 | 上限なし | 財形住宅貯蓄・財形年金貯蓄合わせて、元利合計550万円<br>※財形年金貯蓄のうち、「保険型」については払込保険料385万円 | |
| 契約数 | 複数契約可能 | 財形住宅貯蓄・財形年金貯蓄、それぞれ1人につき1契約 | |
| 税金 | 20.315%源泉分離課税 | 非課税 | |
| 目的外払出(※2) | ― | 貯蓄型：5年間遡って、20.315%源泉分離課税<br>保険型：財形住宅貯蓄→全期間分、20.315%源泉分離課税　財形年金貯蓄→全期間分、一時所得として課税 | |
| 積立期間 | 3年以上 | 5年以上<br>※財形住宅貯蓄については、目的のためであれば、5年未満でも非課税での払出可能 | |

※1　60歳以降に、5年以上に渡って定期的に受け取ること
※2　災害等による家屋への被害・配偶者との死別等・特別障がい者に該当など、一定要件に該当した場合には目的外払出でも非課税となる

形住宅貯蓄と合わせて）となっており（※）、1人1契約に限ります。**利息は非課税との特典**がありますが、こちらも財形住宅貯蓄と同様に、目的外払出の場合には税金はかかってきます。

※保険型の場合は払込保険料385万円。

財形貯蓄制度の種類をまとめたものが右図となります。

しっかりと積立目的が決まっていて（財形住宅・財形年金の場合）、利息等が非課税なのが、嬉しい制度となっています。

**でも、この制度は「貯蓄」なので、今の時代だと、超低金利なのではないですか？**

たしかに今の時代、地を這うような超低金利が続いています。

財形貯蓄制度だからと言って、他ではあり得ないような高金利が期待できるわけではありません。

むしろ、財形貯蓄における金利水準は、ネット銀行や諸々のキャンペーン金利等に比べれば、見劣りすることでしょう。当然、利息額も極小ですから、利息は非課税と言っても、さほどの効果は期待できません。

それでも、しっかりと「貯まる」のです。

そうです、お金が増える、というより、**お金が貯まる**、と言ったほうがいいですね。

なぜ、貯まるのか…それは、**お給料（ボーナス）から、強制的に、確実に、天引きで積立てられる**からです。何の変哲もないシンプルなことですが、これが、知らないうちに貯まっていく理由なのです。あとは、勤務先が窓口なので、お手軽に申し込めるという点でしょうか。

私の周りでも、お金を貯めるべく、皆、いろいろやっておりますが、結局のところ、ストレスなくしっかりお金を貯めているのは、この財形貯蓄をやっている会社員だったりするのです。

なお、本書で取り上げるキーワードは、基本的には、私自身も活用している商品・

制度であることを意識しています。

しかし残念ながら、自営業である私は、この財形貯蓄制度は利用することはできません。

それでも、この財形貯蓄制度については、あえて取り上げました。それくらい、天引き積立である財形貯蓄制度は、お金を貯める効果絶大なのです。実際、お金を貯めるにおいて、**「天引き積立」最強説**は、よく知られたところでもあります。

積立てをする場合、「余ったときには、その分を積み立てよう」の考え方だと、まず長続きしません。つまり、「収入−支出＝積立額」の発想だと、まず貯まらないということです。

積立てをする場合には、**「収入−積立額＝支出」が大原則**です。

つまり、まずは無理のない積立額を設定して、収入から、その積立額を差し引いた金額の範囲内で、支出を賄うという発想です。そうすることで、支出の範囲内で生活できれば、**積立額は「もともとはなかったお金」**として扱えるようになり、その分、(気持ちの上では) お金は増えたということになりますよね。そして、**それを実現す**

るのが自動積立のしくみ、すなわち天引き積立てということなのです。

## なるほど、、、でも、天引きの積立てであれば、なにも、財形貯蓄でなくてもよいのでは？

そのとおり、天引きの積立て、すなわち自動積立というしくみであれば、何も、財形貯蓄にこだわる必要はありません。

たとえば、多くの銀行等では、積立て預金（毎月、指定口座から自動で振替）を扱っています。

ただ、**天引き積立てについては、いろいろと税制優遇制度があるので**（財形貯蓄制度もその一つ）、まずは、それらを活用することを考えたいものです。

そこで、**最強の税制優遇制度**として呼び声も高いのが、本書でも取り上げている**「iDeCo（個人型確定拠出年金）」**です。

## 財形貯蓄制度

ｉＤｅＣｏでは、定期預金等の積立もできます。所得控除や運用益非課税といった、非常に効果の大きい税制優遇のある制度ですので、まずは第一に、ｉＤｅＣｏでの積立てを検討しましょう。

なお、勤務先が企業型確定拠出年金を導入しており、規約によってｉＤｅＣｏに加入できない場合でも（１０４ページ参照）、勤務先がマッチング拠出（※１）を認めていれば、ぜひとも利用したいところです。また、勤務先が選択型ＤＣ（※２）を採用しているのなら、ぜひ、加入をおススメします。それくらい、確定拠出年金制度とは有利な制度なのです。

※１　企業型確定拠出年金への、企業からの掛金に上乗せして、従業員が掛金を支払う制度。

※２　企業型確定拠出年金に加入するか否かは、従業員が決めることができるタイプ。

ちなみに、国民年金基金、付加年金、小規模企業共済等も、ｉＤｅＣｏ同様、掛金が全額所得控除となる、非常に効果の大きい税制優遇制度です。ただ、適用対象者が限られるため（主に自営業者）、本書では解説まではしませんが、非常に有利な制度なので、興味ある方は、また調べてみてください。

また、**「つみたてNISA」**も、運用益非課税の優遇がある積立制度として、ぜひとも検討したいところです。

つみたてNISAでは、定期預金等の積立はできませんが、国内債券メインで運用する投資信託であれば、比較的、安全性は高いと言えるでしょう。つみたてNISAでは、その対象商品が「長期・積立・分散投資に適した一定の投資信託等」に絞られているところも、投資初心者にとっては嬉しいところですね。

なお、つみたてNISAについては、本書では、NISAの項目で取り上げております。

そして、今回テーマの**財形貯蓄制度**も、利息非課税の税制優遇があるわけです（超低金利の今、その効果は薄いですが）。

加えて言うなら、財形住宅貯蓄・財形年金貯蓄については、積立目的がしっかり決まっている分、その目的を達成できる可能性は高くなる効果も期待できます（目的外払出には非課税メリットなし）。

*お金が増えるキーワード #10*

## 財形貯蓄制度

さらに言うなら、財形貯蓄制度を利用していれば、**「財形住宅融資」**を受けられます。財形住宅融資では、マイホーム取得・リフォーム資金を、財形貯蓄残高の10倍以内(最高4000万円)で必要資金の9割まで、比較的低金利で借りることができます。

財形住宅融資を受けるためには、「財形貯蓄1年以上継続」「財形貯蓄残高50万円以上」との要件がありますが、一般財形貯蓄・財形住宅貯蓄・財形年金貯蓄のいずれでもかまわないので、そのハードルは低いのではないでしょうか。

意外と知られていない、財形貯蓄制度の隠れたメリットなので、一応、ご紹介させていただきました。

あと、**保険での積立て**にも、税制優遇が使えます。

なぜなら、生命保険契約に支払った保険料は、生命保険料控除として所得控除の対象となり、その分、税金が安くなるからです。

積立貯蓄という視点(貯蓄性の高さ)からは、個人年金保険が筆頭格ではありますが、**子ども保険(学資保険)**も有力な候補となります。

もっとも、預貯金よりマシという程度なので、積極的におススメするわけではありませんが、「契約者である親が死亡したときには、以後の保険料支払いは免除」と、親の死亡保障も兼ねていることを考慮すれば、十分検討には値するでしょう。また、子ども保険との名称から、そう簡単には、子どものため以外の目的で解約しにくいという心理的効果も見逃せません（多少家計が厳しくても、頑張って続けられる）。

所謂人生の３大資金「教育資金」「住宅資金」「老後資金」のうち、財形貯蓄では「財形住宅」「財形年金」はありますが、「財形教育」はありません。

そういった意味でも、将来の教育費への備えとして、有力な商品と言えるでしょう。

このように、積立てについては、様々な税制優遇制度があるのです。

積立てを考えているのであれば、まずは財形貯蓄制度をはじめ、**これら税制優遇のある積立制度（商品）を一通り検討した上で**、各銀行の積立定期預貯金（定期積金）といった、一般的な積立商品を見ていきたいところですね。

なお、預貯金とは違って価格変動リスクはありますが、株式積立、投資信託（ファンド）積立、純金積立等も、今や、一般的な積立商品と言えるでしょう。

これら値動きのある商品については、毎月一定額を積立てることで、ドルコスト平均法の効果（価格が高いときには少なく、価格が安いときには多く購入することで、平均購入単価が引き下がる効果）を得られますし、購入のタイミングに悩むことなく、ストレスなく投資することができます。

すなわち、**投資の視点からも、積立てとは、非常に効果のある運用法**でもあるのです。

と、財形貯蓄制度の説明から、いつの間にか、「積立て」の魅力についてアレコレ書いてしまいましたが、実際のところ、この項目は半分、「積立て」がテーマと言ってもよいでしょう。

**藤原久敏（ふじわら・ひさとし）**
藤原ＦＰ事務所／藤原アセットプランニング合同会社　代表
ＣＦＰ®・１級ＦＰ技能士
1977年大阪府大阪狭山市生まれ
大阪市立大学文学部哲学科卒業後、尼崎信用金庫を経て、2001年にＦＰ（ファイナンシャル・プランナー）として独立。
現在、自らの資産運用の経験を軸にした執筆・講演・取材等を中心に活動している。
著書は「投資信託が予想以上に安心設計で儲かるのだが」（ぱる出版）、「あやしい投資話に乗ってみた」（彩図社）、「投資2.0～投資型クラウドファンディング入門～」（スタンダーズ）、「100回登っても飽きない金剛山」（啓文社書房）など３０冊、累計約３０万部。
趣味は金剛山（大阪府最高峰、世界に誇る「回数登山」の山）で、登頂回数は３００回を超える。
また、大阪経済法科大学にて経済学部非常勤講師を勤める。

ホームページ：https://plaza.rakuten.co.jp/fpfujiwara/

**超攻撃的《ちょうこうげきてき》［ディフェンシブ投資《とうし》］魔法《まほう》のお金《かね》キーワード10選《せん》**

2020年３月16日　初版発行

著　者　藤　原　久　敏
発行者　常　塚　嘉　明
発行所　株式会社　ぱる出版

〒160-0011　東京都新宿区若葉１-９-16
03(3353)2835－代表　03(3353)2826－FAX
03(3353)3679－編集
振替　東京　00100-3-131586
印刷・製本　中央精版印刷(株)



ISBN978-4-8272-1223-5　C0033